Der richtige Moment

Fide Struck fotografiert in Hamburg
und an der Waterkant 1930–1933

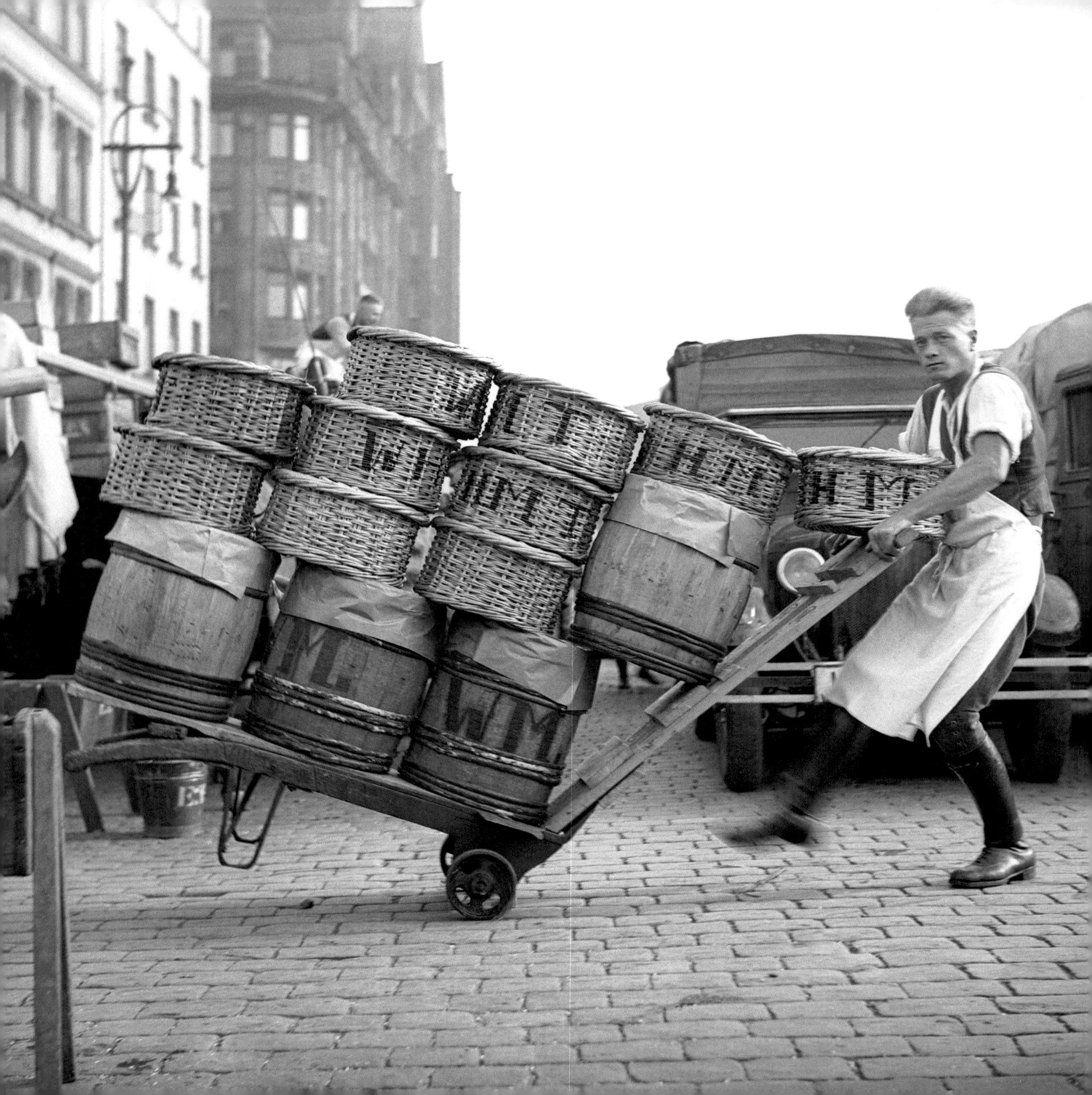

Der richtige Moment

Fide Struck fotografiert in Hamburg und an der Waterkant 1930–1933

Mit Beiträgen von Pia Littmann, Thomas Struck und Ulrike Wolff-Thomsen

museum
kunst der westküste

MICHAEL IMHOF VERLAG

Inhalt

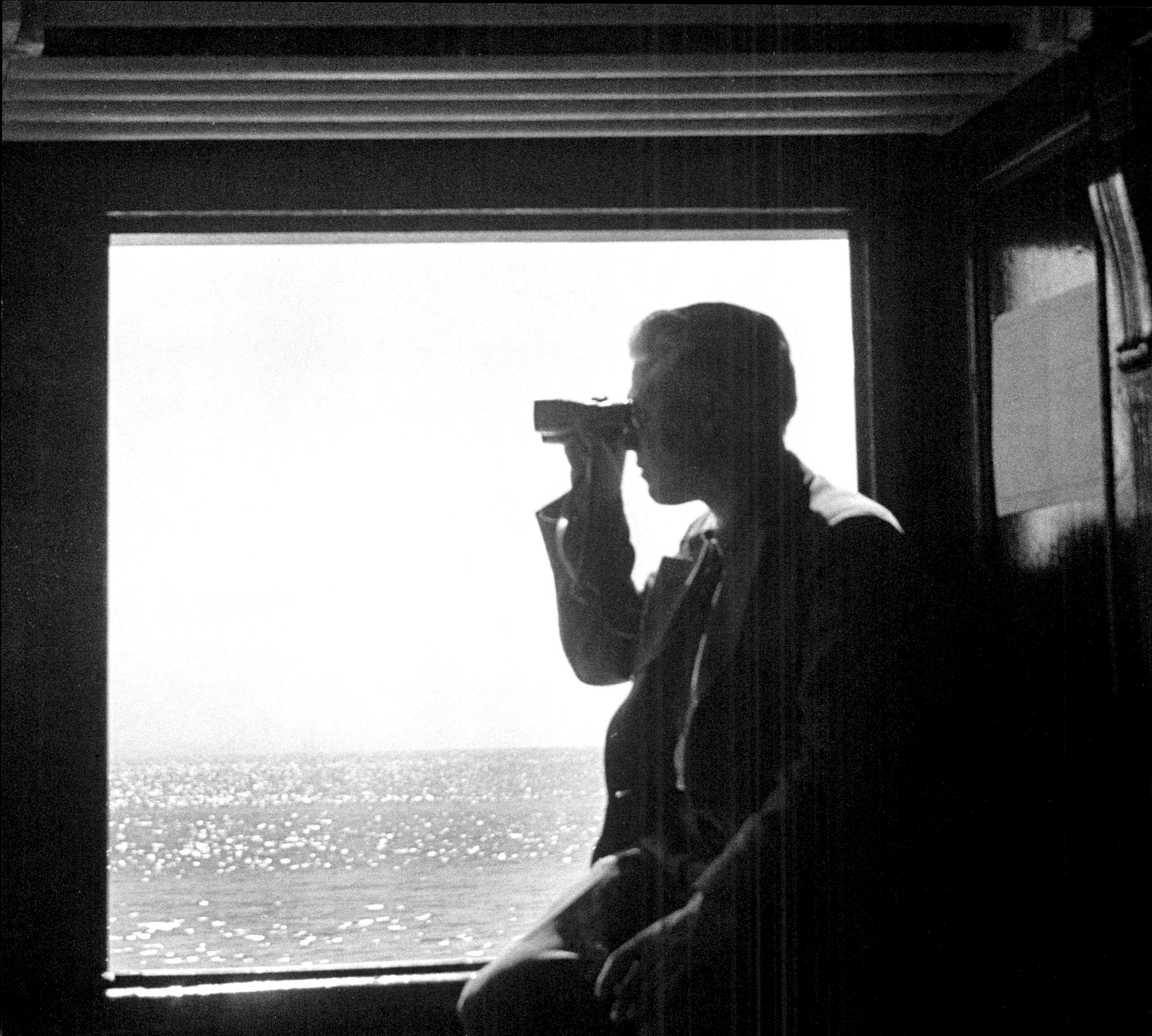

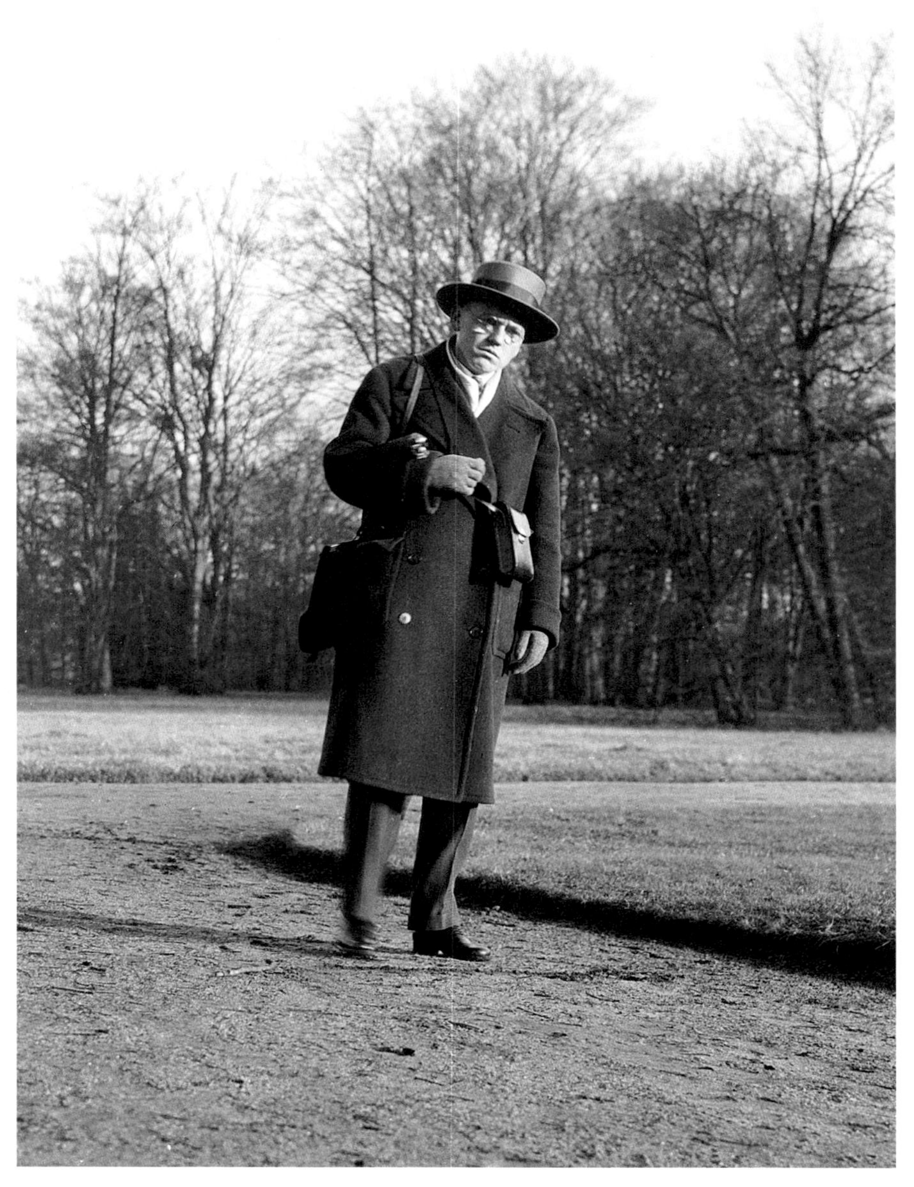

Fide Struck, um 1929, Foto: unbekannt

Kleiner Mann – was nun?

Fide Struck. Eine deutsche Biografie

Auf den ersten Blick scheint es kurios, wie sich die Biografien von Fide Struck und Johannes Pinneberg, Hans Falladas Figur in seinem 1932 erstmals veröffentlichten Bestseller *Kleiner Mann – was nun?*, gleichen.

Die Handlung des Romans spielt ab dem Jahr 1929 in den Zeiten der Weltwirtschaftskrise und ihrer Folgen. Struck – real –, Pinneberg – fiktiv – erleben beide die harten politischen Auseinandersetzungen, die Straßenschlachten zwischen den roten und braunen Fronten, die gesellschaftlichen Umbrüche am Ende der Weimarer Republik und die existenziellen Herausforderungen, denen sich der „kleine Mann" stellen muss. Selbst ihre Berufe als „kleine Angestellte" stimmen überein: Verkäufer von Textilien und Buchhalter.

Fide Strucks Biografie steht stellvertretend für eine Jugend, die nach dem Zusammenbruch des Kaiserreichs und den schwierigen Anfängen der Weimarer Republik nach neuen Lebensutopien Ausschau hielt. In den Straßen ist das Elend sichtbar, die schwer traumatisierten Kriegsversehrten werden Struck bewusst gemacht haben, welches Glück er hatte, dass er zwar als 17-Jähriger im April 1918 als kriegstauglich galt und

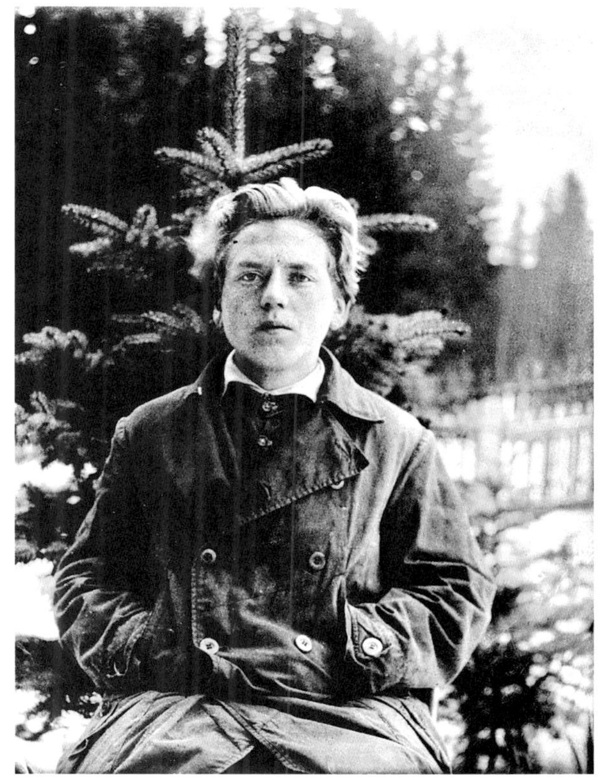

Fide Struck im Alter von 20 Jahren in Thüringen, Foto: unbekannt

zum Schützen ausgebildet wurde, doch nicht mehr an die Front musste. Nach einer Lehre in einem Hamburger Textilgroßhandel schließt er sich Anfang der 1920er-Jahre der Jugendbewegung der „Neuen Schar“ im Umkreis des „Inflationsheiligen“ Friedrich Muck-Lamberty an und ist beseelt von dem gemeinschaftlichen Geist. Er plädiert für freie Liebe und praktiziert sie. Als seine Beziehung zu einer Deutsch-Ukrainerin in die Brüche geht, bleiben die beiden Söhne, 1922 und 1924 geboren, bei ihm. Als alleinerziehender Vater kommt er in der Freiland-Siedlung „Handwerkschaft Gildenhall“ bei Neuruppin unter, einem 1921 gegründeten alternativen Wirtschafts- und Lebensprojekt von Künstlerinnen und Künstlern, Handwerkerinnen und Handwerkern, darunter so namhafte Persönlichkeiten wie die Weberin Else Mögelin (vormals Leiterin der Webklasse am Bauhaus), der Maler, Grafiker und Drechsler Eberhard Schrammen (ebenfalls Bauhäusler),

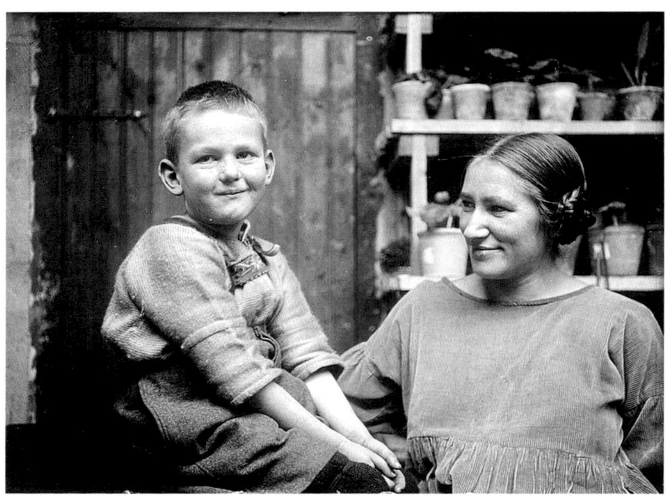

Tisa Struck und Hartmut, Foto: vermutlich Fide Struck

die Architekten Otto Bartning (mit Walter Gropius Wegbereiter der Bauhaus-Idee) und Adolf Meyer (bis 1925 Meister am Bauhaus) sowie der Keramiker Richard Mutz. Die Kunstschaffenden sind dankbar, dass Struck etwas von Buchhaltung versteht. Er selbst zieht mit seinen Söhnen bei dem Ehepaar Else und Harry Großmann ein – sie Weberin, er Theaterdekorationsmaler, gemeinsam Eltern eines 1925 geborenen Sohns. Elses Bruder, der Lichtbildner Curt Warnke, führt Struck in die Grundlagen der Fotografie ein, Voraussetzung für seine spätere Tätigkeit als freier Bildberichterstatter und Arbeiterfotograf. Immer wieder gibt es auch menschliche Verstrickungen: Fide und Else gehen eine Beziehung ein, eine Art Ménage-à-trois. Fides dritter Sohn Peter kommt 1926 zur Welt; 1927 steigt Harry Großmann aus dem Projekt „moderne Familie“ aus. In dieser Phase wird schließlich das Ende der Kunsthandwerkschaft in Neuruppin eingeläutet, die spätestens in der Weltwirtschaftskrise untergeht. Fides erstgeborene Söhne leben in den folgenden drei Jahren in einem Kinderheim, weit weg vom Vater, der 1928 Buchhalter bei der „Brandenburgischen Heimstätte“ wird und mit Else Großmann in Potsdam lebt. Beide beginnen, zunehmend politisch zu agieren – Fide mit seinen Fotoreportagen, die Arbeiterinnen und Arbeiter sowie „kleine Leute“ empathisch und respektvoll in den Blick nehmen; Else, die als Kommunistin gegen die Nazis kämpft und 1934 zusammen mit Harry inhaftiert wird (nach 1945 wird sie unter dem Namen Else Eisenkolb-Großmann eine führende Rolle beim Aufbau der DDR spielen). Fides Tätigkeit als freier Bildberichterstatter wird schon bald existenziell wichtig für ihn und seine Familie: Als Buchhalter entlässt man ihn im Juli 1932, erst zweieinhalb Jahre spä-

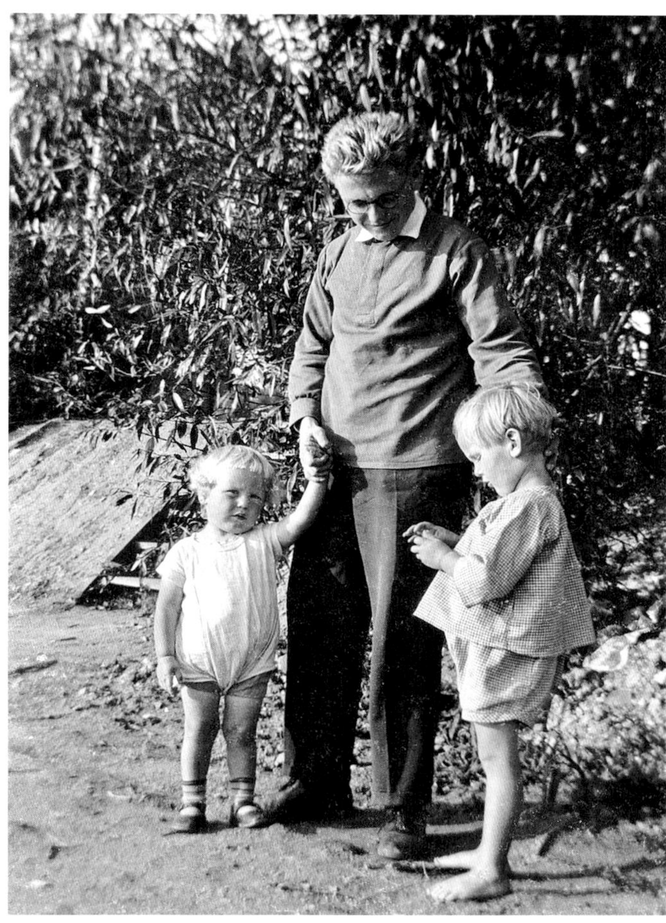
Fide Struck mit seinen Söhnen Hannes (links) und Hartmut (rechts), Gildenhall um 1925, Foto: unbekannt

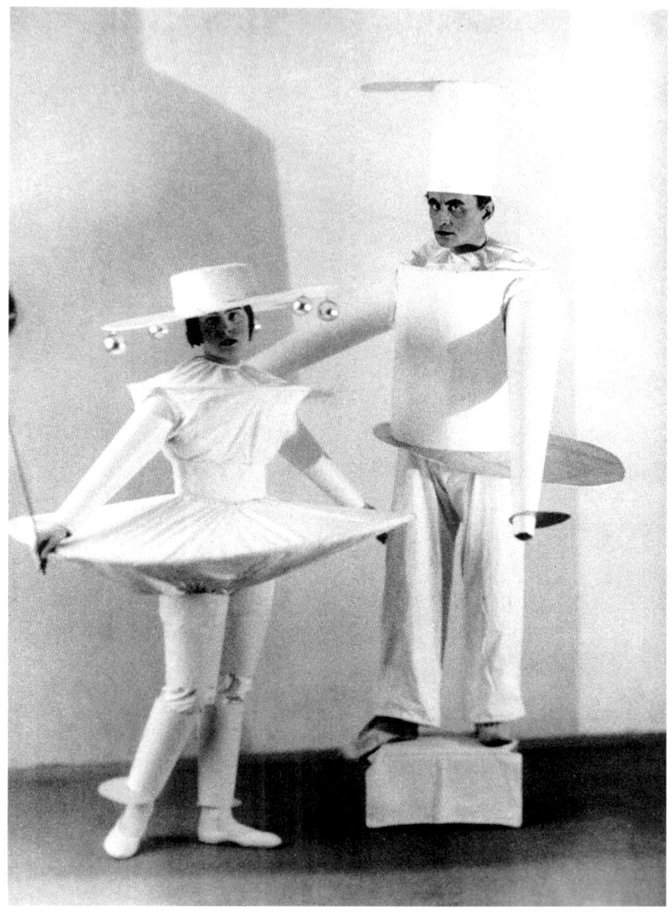
Else Großmann und Curt Warnke, Künstlerball Gildenhall, um 1925, Foto: Lichtbildnerei Warnke

ter findet er eine neue Festanstellung. Was das in dieser Zeit bedeutet, wissen wir wiederum von Hans Fallada, dessen Protagonist Gleiches als einer von über sechs Millionen Arbeitslosen durchmacht. Diese Zahl entspricht einer Quote von 44 Prozent (!) der damals erwerbsfähigen Bevölkerung, die mehrheitlich ohne jegliche Absicherung dasteht.

Was wir hingegen nicht wissen: wie Pinnebergs Geschichte weitergegangen wäre. Trotz des riesigen Erfolgs schrieb Fallada keine Fortsetzung seines Romans,

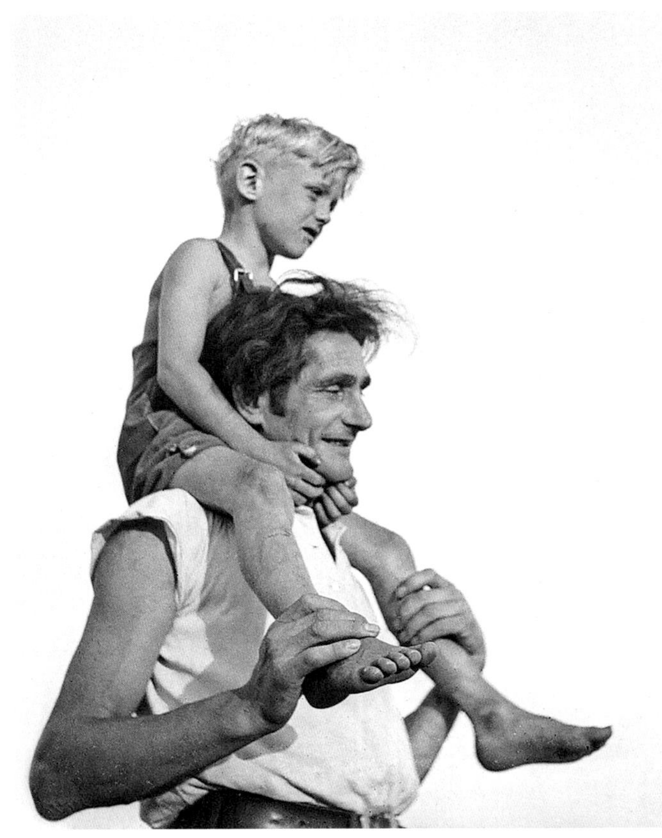

Harry Großmann und Peter, Foto: Fide Struck

der in der NS-Zeit – mit textlichen Eingriffen – weiterhin erscheinen durfte. Auch Fide Strucks Fotos wurden weiterhin publiziert – letztmalig im Herbst 1933. Hatte er sie zuvor der politisch linksstehenden, auflagenstarken *Arbeiter-Illustrierten-Zeitung (AIZ)* angeboten, die im März 1933 verboten wurde, so tauchen seine Fotoreportagen etwa zu den Krabbenfischern nachfolgend in der *Arbeit in Bild und Zeit (ABZ)* auf, einer Illustrierten, die der *AIZ* zum Verwechseln ähnlich sah, hinter der sich jedoch eine NS-Zeitschrift verbarg. Die Journalisten wurden ausgetauscht, doch wie sah es mit den Bildberichterstattern aus? Strucks Fotos scheinen jedenfalls nicht zu den drastischen Schilderungen des Artikels zu passen. Das Ziel der *ABZ*, die Arbeiterschaft ideologisch zu gewinnen, scheiterte, und bereits im November 1933 stellte sie ihr Erscheinen ein. Mit dem Macht- und Systemwechsel und angesichts der Vielzahl seiner Freunde, die inhaftiert wurden, untertauchten oder das Land verließen, war es für Struck naheliegend, in Deckung zu gehen. Im Privaten fand er ein neues Glück mit der Stenotypistin Martel Nürnberg, die er 1935 heiratet. 1943 kommt sein jüngster Sohn Thomas zur Welt.

Ihm ist es am Ende eines langen Weges zu danken, dass die Aufnahmen, die Fide Struck aus ganz verschiedenen Bereichen einer inzwischen fernen Vergangenheit hinterlassen hat, heute einer Öffentlichkeit – uns – zugänglich sind.

Somit spiegelt Fide Struck deutsche Geschichte wider, eine Geschichte über das Leben, das Überleben und die „Liebe in Zeiten des Hasses“.*

Prof. Dr. Ulrike Wolff-Thomsen
Direktorin, Museum Kunst der Westküste, Alkersum/Föhr

* Vgl. Florian Illies: *Liebe in Zeiten des Hasses. Chronik eines Gefühls 1929–1939*, 1. Aufl., Frankfurt am Main 2021.

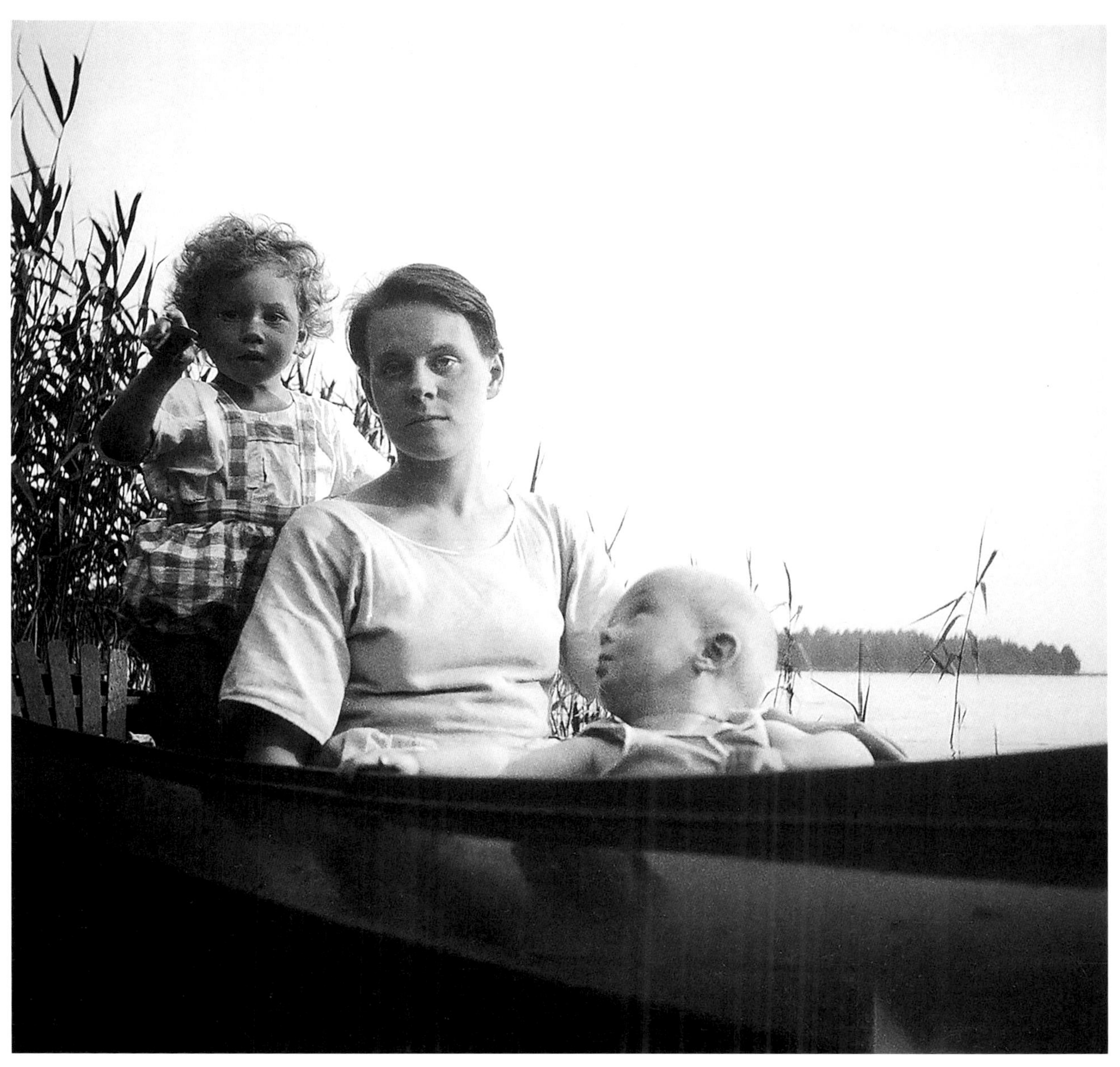

Else Großmann mit Jürgen (links) und Peter (rechts) am Ruppiner See, um 1927, Foto: Fide Struck

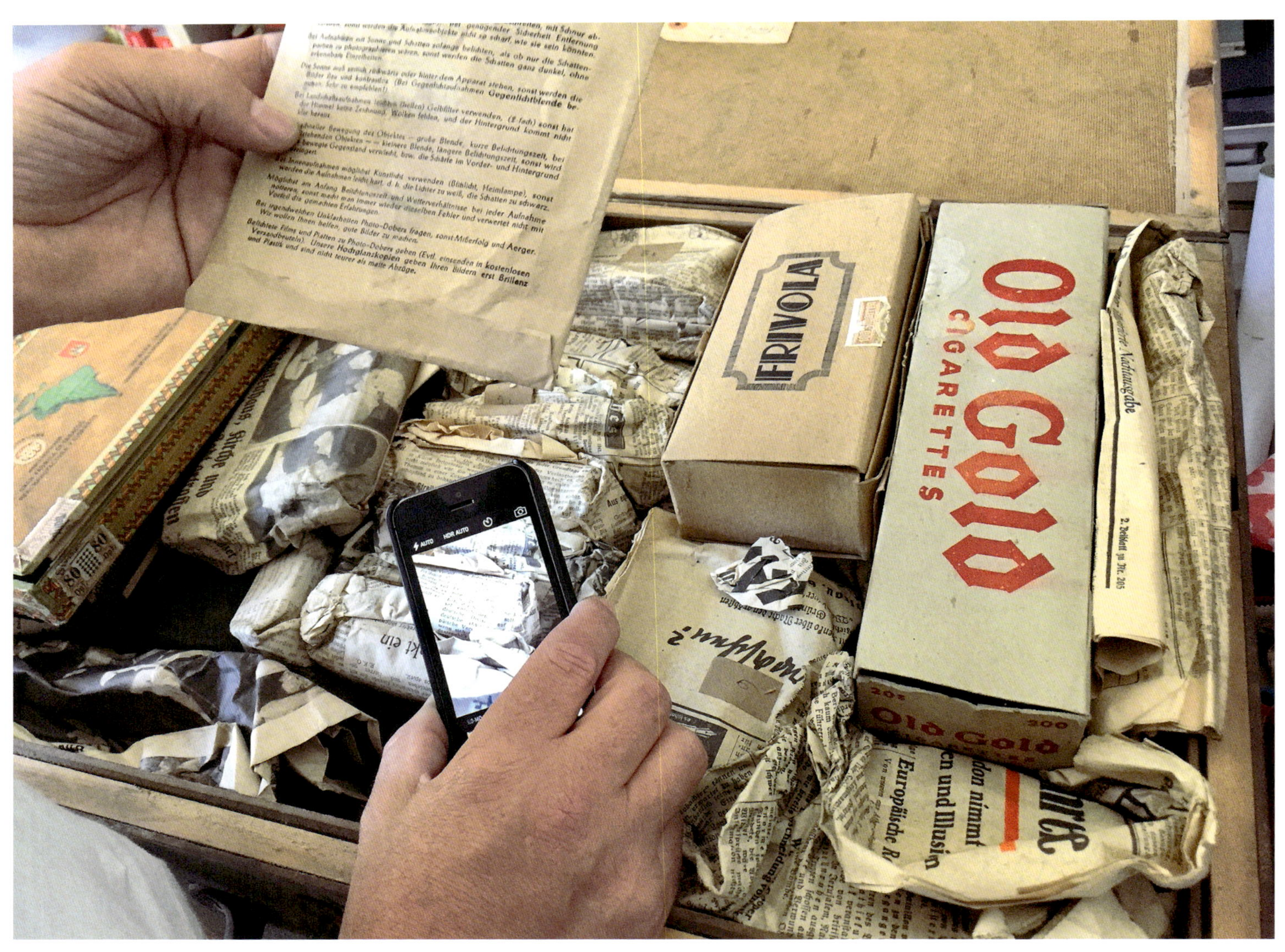

Der Fotokoffer wird geöffnet, 2015, Foto: Thomas Struck

Der richtige Moment

Thomas Struck

Ein Koffer voller Negative

„Blut muss fließen, knüppelhageldick, wir leben und wir sterben für die Räterepublik“, sang mein Vater Friedrich „Fide“ Struck gerne beim Rasieren. Er fuhr fort mit „Reih dich ein in die Arbeitereinheitsfront“ und endete sein Potpourri linker Kampflieder mit „Heil dir im Siegerkranz, Pellkartoffeln mit Heringsschwanz“. Dann war sein Gesicht glatt. Er band seinen Schlips und ging ins Büro. Das war Mitte der Adenauer-Jahre. Die Arbeiterbewegung war in beiden deutschen Staaten erstarrt. Wenn er erfahren hätte, dass an dem Ort seiner einstigen Berliner Wohnung im Quergebäude in der Friedrich-Wilhelm-Straße 8 heute das Konrad-Adenauer-Haus steht (jetzt Klingelhöferstraße 8), würde er sich, möglicherweise, im Grabe umdrehen, in dem er seit 1985 liegt.

Fide war in den 1930er-Jahren freier Bildberichterstatter in Berlin, stand der Bewegung der Arbeiterfotografie nahe und kehrte für Bildreportagen mehrmals in seine Heimatstadt Hamburg zurück. 1941 packte er seine Negative in einen Holzkoffer und zog mit meiner zukünftigen Mutter Martel nach Hamburg zurück. Der Koffer überstand den Hamburger Feuersturm 1943, machte eine Odyssee durch Deutschland und landete im neuen Jahrtausend bei mir, seinem jüngsten Sohn.

Am 24. Mai 2015 um 12:08 Uhr, so dokumentierte es das Handy, öffnete ich Fides Fotokoffer. Der Mief des Zweiten Weltkriegs, von Mottenpulver und Karbid füllte den Raum. Vor mir ein Durcheinander aus Zigarrenkisten und Päckchen, eingewickelt in Nazizeitungen von 1941: „Das Hakenkreuz weht über der Akropolis“, „Churchill der Weltbrandstifter“, „Haltet mit den guten Dingen Haus, man kommt mit wenig MAGGI[s] Würze aus“. Diese Päckchen enthielten Fides Negative.

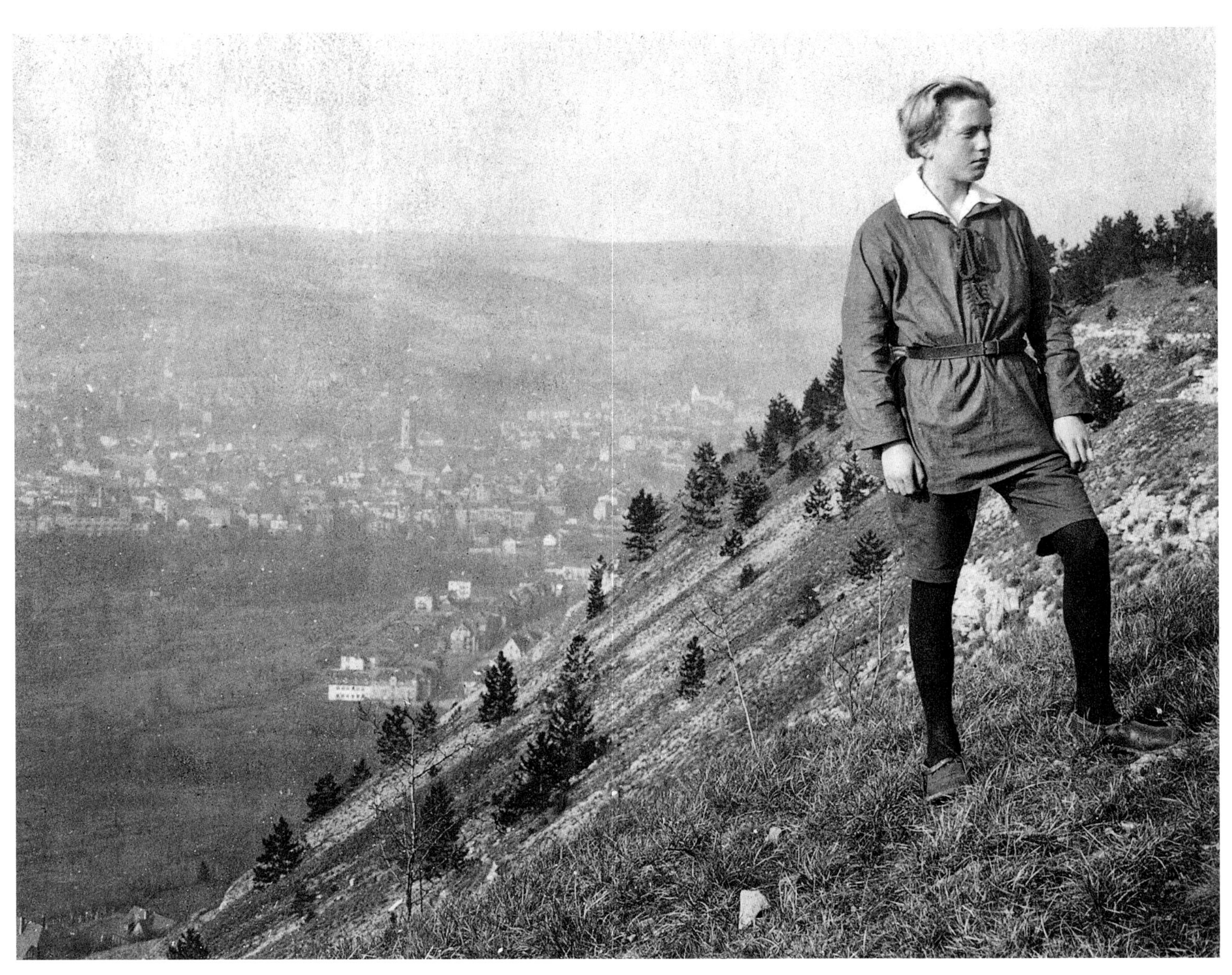

Fide Struck in Thüringen, 1921, Foto: unbekannt

Arbeiterkind in der Jugendbewegung

Fide kam am 17. März 1901 als jüngstes Kind von vier Geschwistern in der Rosenstraße 24 im proletarischen Hamburger Gängeviertel zur Welt. Der Vater war Kellner, die Mutter starb 1912. Von 1915 bis 1918 machte Fide im Wäschegeschäft Fränkel in der Hamburger Neustadt eine kaufmännische Lehre. Der Musterungsarzt notierte: „Größe: 164 cm; Gewicht: 50 kg; Gesicht: rund; Augen: hell, schielt; Nase: fleischig; Ohren: groß; Lippen: voll; Haare: dunkelblond, dicht, glatt; tauglich."[1] Fide wurde zum Heer eingezogen, doch der Krieg war vorbei, bevor er an die Front musste.

Im Freideutschen Haus in der Johnsallee 54 in Hamburg-Rotherbaum entdeckte Fide die vielen verwirrenden Strömungen der Jugendbewegung. Hier bekam er Anregungen für eine Art Manifest und schrieb: „Diese Jugend sieht die Liebe in der Natur, die Natur als Gott und Gott in den Menschen. Sie sucht die Liebe als höchstes Ideal. Wir sehen das andere Geschlecht als höchstes Gut an [...]. Der Geschlechtstrieb kann bei der reiferen Jugend nicht ausbleiben. Er soll auch nicht ausbleiben, denn die Zeugung ist des Lebens Hauptzweck und Ziel. Darf nun diese Zeugung vor der Ehe geschehen? Ja! In der heutigen Welt ist aber ein uneheliches Kind, ein Kind der Liebe, stets geächtet. Aus diesem Grund ist freie Liebe als höchstes Ideal zu fordern."[2] Er datierte das Blatt auf den 24. Oktober 1919 und unterschrieb mit „Heil!". Noch hatte das Wort nicht die Bedeutung von Unheil, sondern war eine gängige Begrüßung der Jugendlichen im Freideutschen Haus.

Zum 30. April 1920 kündigte Fide seine Stellung. Herr Fränkel schrieb ihm ins Zeugnis, dass er umsichtig und fleißig gewesen sei und sprach seine außerordentliche Zufriedenheit aus. Fide ließ die Haare wachsen und kaufte sich in der Johnsallee die Kluft eines „fahrenden Schülers": schwarze Kniebundhosen, Strümpfe, zweireihiges Wams, dazu ein weißer Schillerkragen. Er löste eine Fahrkarte: „Einmal Holzklasse nach Kronach, Oberfranken." Hier trafen sich zu Pfingsten junge und alte Wandervögel; die alten schleppten im Rucksack die Erinnerungen an den Krieg, die jungen die Hoffnung auf einen Neubeginn. Fide schloss sich der „Neuen Schar" an, die zeitweise zu Tausenden singend und tanzend durch Thüringen zog. Hermann Hesse pries den Zug in der Erzählung *Die Morgenlandfahrt* als „eine Reise, wie sie seit den Tagen [...] des Rasenden Roland von Menschen nicht mehr gewagt worden war bis in unsre merkwürdige Zeit: die trübe, verzweifelte und doch so fruchtbare Zeit nach dem großen Kriege".

Auf dem Wanderzug der „Neuen Schar“ lernte Fide die Deutsch-Ukrainerin Therese „Tisa“ Kallmeyer aus Charkiw kennen, die vor dem Bürgerkrieg geflohen war. Die Idee der freien Liebe wurde verwirklicht, und Fide und Tisa bekamen zwei Söhne. 1924 trennte sich das Paar.

Fide zog als alleinerziehender Vater mit den Kindern in die Künstlersiedlung „Handwerkschaft Gildenhall“ bei Neuruppin, die vom Bauhaus inspiriert war. Als gelernter Kaufmann konnte er die Bücher führen, eine Tätigkeit, die bei den Künstlern nicht besonders angesehen war. Für sich fand er schließlich in der „Lichtbildnerei“ einen künstlerischen Weg und lernte die Grundlagen der Fotografie kennen. Mit Else Großmann, der verheirateten Schwester des Fotografenmeisters, zeugte er einen dritten Sohn. „Gildenhall war wohl die erste Kommune in Deutschland“, schrieb Else in ihren Erinnerungen, „das zeigte sich unter anderem darin, dass jeder, soweit ihm Zeit blieb, sich für alle Kinder interessierte und verantwortlich fühlte“.[3]

Ab 1927 gingen die einzelnen Betriebe der „Handwerkschaft“ nach und nach bankrott und Fide fand Arbeit als Buchhalter in einer Berliner Siedlungsgesellschaft. Else schrieb als freie Journalistin für die linke, avantgardistische und auflagenstarke *Arbeiter-Illustrierte-Zeitung (AIZ)*. Durch sie lernte Fide die Bewegung der Arbeiterfotografie kennen. Die Zeitung *Der Arbeiter-Fotograf* hatte bereits 1926 verkündet: „Für den Arbeiterfotografen gibt es nur eine Schönheit des Bildes. Das ist die Wahrhaftigkeit. Deshalb ist's mit dem Fotografieren allein nicht getan. Wer nicht innerlich mit den Werktätigen lebt, mit ihnen ringt und kämpft, der wird ihn niemals finden, den richtigen Moment.“

1 Nachlass Fide Struck
2 Ebd.
3 Ebd.

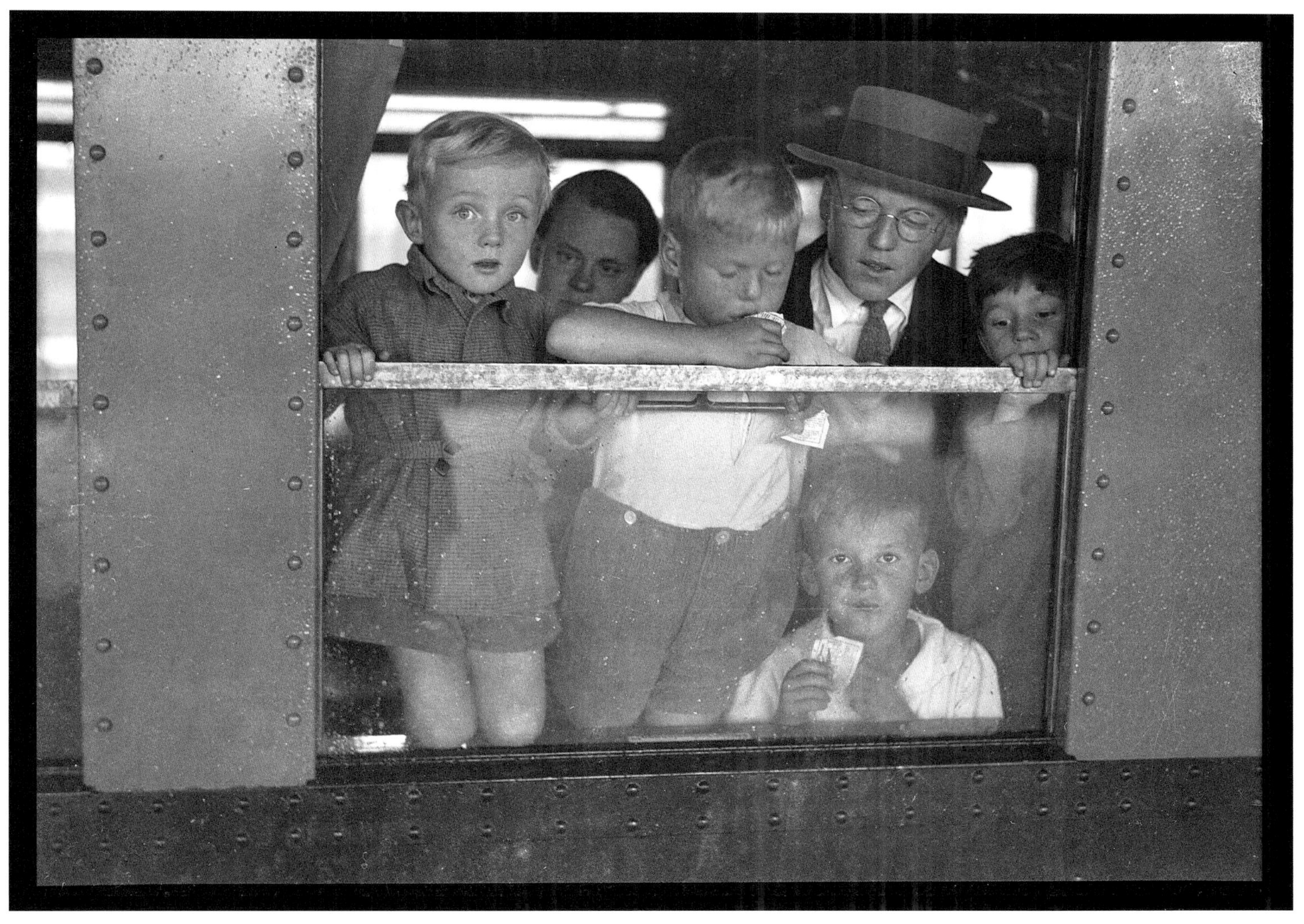

1927 – Fahrt in eine ungewisse Zukunft; von links nach rechts: Peter und Else Großmann, Hannes, Fide und Hartmut Struck (unten) sowie Jürgen Großmann, Foto: unbekannt

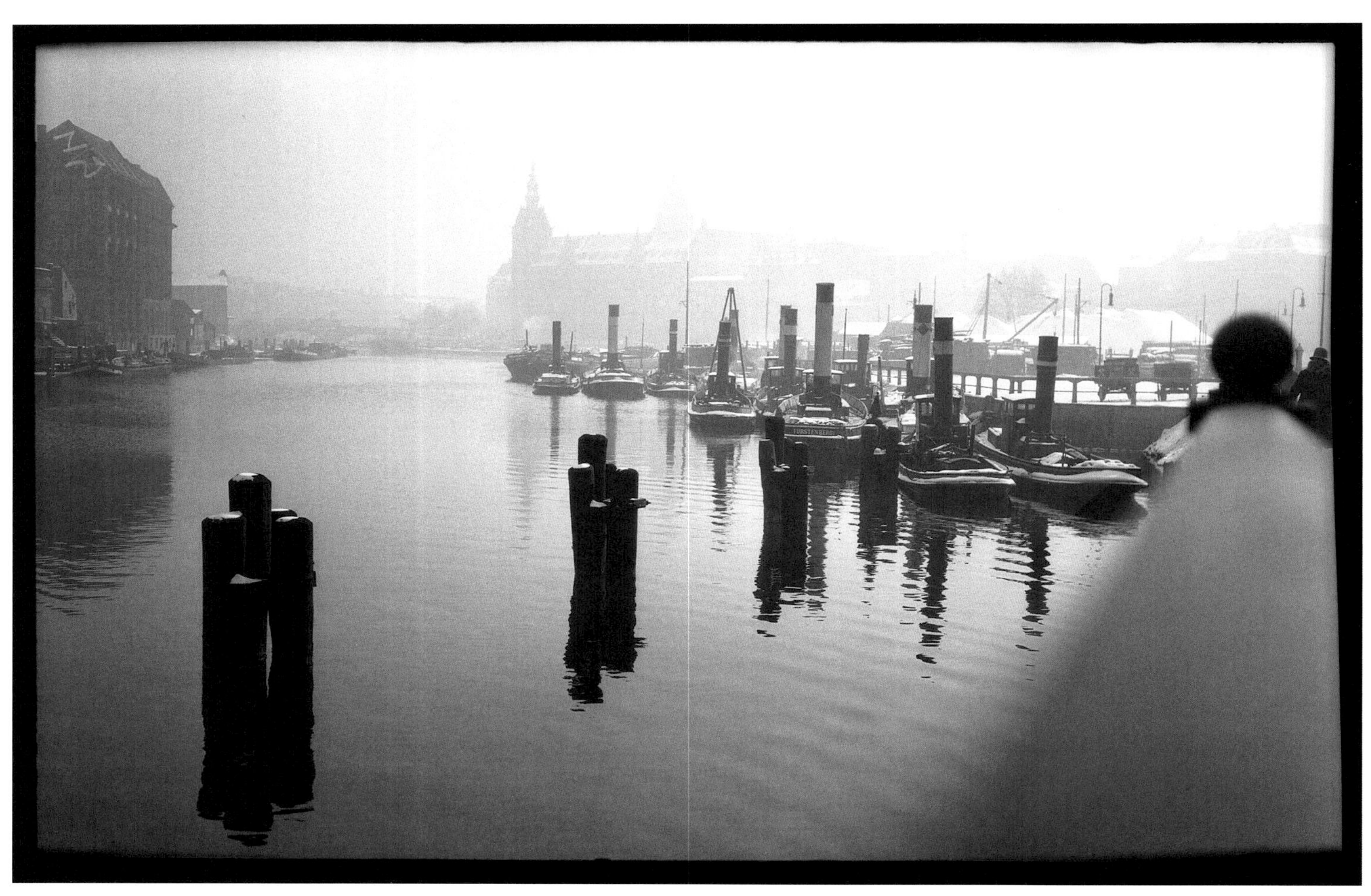

Hamburg, Freihafen, Wintermorgen, um 1932

Arbeit an der Waterkant

Fide versuchte sich parallel zu seiner Arbeit in der Siedlungsgesellschaft als freier Bildberichterstatter. Die Fotos bot er Agenturen an; Veröffentlichungen erfolgten meist anonym.

Für Reportagen kehrte Fide Anfang der 1930er-Jahre an die Orte seiner Kindheit zurück und ging auf Fotopirsch im Hamburger Hafen. An den Kais hörte er Kinderlachen, zückte die Kamera und schob eine Platte ein. Sieben Jungs und ein Mädchen hatten eine Rutsche, auf der normalerweise Fässer von der Straße zum Anleger hinunterglitten, zum Spielgerät umfunktioniert.

Fide war inzwischen daran gewöhnt, dass das Bild auf der Mattscheibe seitenverkehrt auf dem Kopf stand. Er stellte Entfernung und Verschlusszeit ein, schob die lichtdicht verpackte Platte in die Kamera. Das Bild auf der Mattscheibe verschwand. Er drückte auf den Auslöser – „klick" – und zog die Platte, die nun wieder lichtdicht verpackt war, aus der Kamera. Das ging jetzt im Handumdrehen, und schon war er bereit für die nächste Aufnahme. Die Kinder hatten den Fotografen entdeckt und legten sich ins Zeug. Sie rutschten bäuchlings und krabbelten auf der Rutschfläche hoch für den nächsten Abgang – bis der Kalfaktor kam. Der Anführer setzte sich noch schnell eine Einkaufstasche wie einen Admiralshut auf den Kopf und posierte. Dann war der Spaß vorbei.

In einer Werft kreuzte Fide eine Fertigungshalle so hoch wie eine Kirche. Die Fensterbahnen der Oberlichter und die Bodenplanken liefen auf einen Fluchtpunkt zu; Arbeitsbrücken durchzogen horizontal die Diagonalen: eine Kathedrale der Neuzeit. In einer Grube blitzte es auf. Ein Schweißer zündete einen Brenner. Fide drückte ab, ohne genau hinzusehen, denn in seinen Augen zeigte sich ein schwarzes Nachbild. Der Brennpunkt, dachte er, Feuer, Licht, die Seele der Fotografie. Ohne Feuer hockten die Menschen immer noch in dunklen Höhlen.

Vor der Halle lag ein Schiff, dessen Außenhaut abgenommen war. In engen kubischen Räumen, auf winkligen Gerüsten schwankten Arbeiter und schweißten die Spanten. Fide beugte sich über die Reling. Senkrecht unter ihm, an der Wasserlinie auf einer von Seilen gehaltenen, schaukelnden Bohle, standen zwei Maler und bepinselten die Schiffshülle. Einstellen, Platte rein, ruhig bleiben, auslösen, Platte raus und gut verstauen.

Am Sonntag hatte es ein bisschen geschneit. Der Morgen war feierlich still. Keine Schlepper, keine Schuten, keine Dampfer auf der sonst so geschäftigen Elbe. Am Baumwall fand Fide einen Blick: An der rechten Bildkante zog ein unscharfes Brückengeländer das Auge ins Zentrum. Hier ankerten ein Dutzend Schlepper wie schlafende Enten. Weiter draußen der graue, kaum bewegte Strom; links dunkle Gemäuer eines Schuppens. Zwischen Schleppern und Schuppen ragten aus dem Wasser schwarze Duckdalben, ein paar Schneeflocken lagen noch wie Mützen auf diesen Pfählen. Kein politisches Bild, dachte er, doch die Ruhe im Hafen am Feiertag zeigte, dass die Arbeiterbewegung Fortschritte gemacht hat. Zwei Generationen davor war die Arbeitszeit noch unbegrenzt. Jetzt waren es 48 Stunden, und Sonntagsarbeit blieb eine Ausnahme. Die entdeckte Fide in einem Fleet.

Auf dem Beiboot eines Lastkahns zog ein Arbeiter, große Schiebermütze, ausgebeulte Hose, das Hemd aus; der folgende Dialog mag in etwa so geklungen haben: „Moin Genosse! Erlaubst du, dass ich ein Foto von dir mache?“, rief Fide. – „Schall ick dafför betolen?“, fragte der Arbeiter. – „Nee!“, antwortete Fide. „Du siehst gerade so malerisch aus.“ Der Mann zuckte mit den Schultern und nickte gleichzeitig. Fide zückte die Kamera. „Und wer bis' du?“, fragte der Arbeiter. – „Ich bin Fide, Arbeiterfotograf“, antwortete er mit verhaltenem Stolz. – „Ich wusste nich, dat Fottografie Ahbeit is“, murmelte der Arbeiter. – „Und ich glaube, die Arbeiterbewegung muss sichtbarer werden, wenn sie siegen will.“ – „Mich ist dat eins, wat du doost“, brummte der Arbeiter. Ein Genosse kam an Bord und seifte den Rücken des Kollegen mit kaltem Elbwasser ein. Fide fotografierte. Der Arbeiter trocknete sich ab. Hinter ihm ragte der Bug eines Lastkahns mit einem Draggenanker hoch. Fide hockte sich vor den Mann, der mit verkniffenen Augen in die Kamera guckte, den Mund leicht geöffnet, die Mundwinkel nach oben gezogen, als suche er etwas in weiter Ferne.

Im Entwicklerbad der Dunkelkammer warf Fide einen zweiten Blick auf den Arbeiter, der sich wusch. Wo lebte dieser Mann mit den kräftigen Armen? Das Gängeviertel, in dem Fide groß geworden ist, war inzwischen abgerissen. In Altona und Barmbek wurden jetzt neue lichte Wohnungen gebaut. Könnte er es sich leisten, dort zu wohnen? Fide purzelten die Gedanken durch den Kopf. Helden der Arbeiterklasse, das wollten Rosa Luxemburg und Karl Liebknecht sein, dafür wurden sie ermordet. Und jetzt Thälmann, Stalin, Hitler? Alle versprachen den Arbeitern eine glänzende Zukunft. Die sauren Trauben des Kaiserreichs waren noch nicht verdaut und bald würden noch saurere verkauft werden. Es war eine Sauerei. Im Kino lief *M – Eine Stadt sucht einen Mörder*. In der Wirklichkeit lief der Film „Ein Mörder sucht eine Stadt“ – oder ein Land, oder ein Volk, und morgen die ganze Welt!

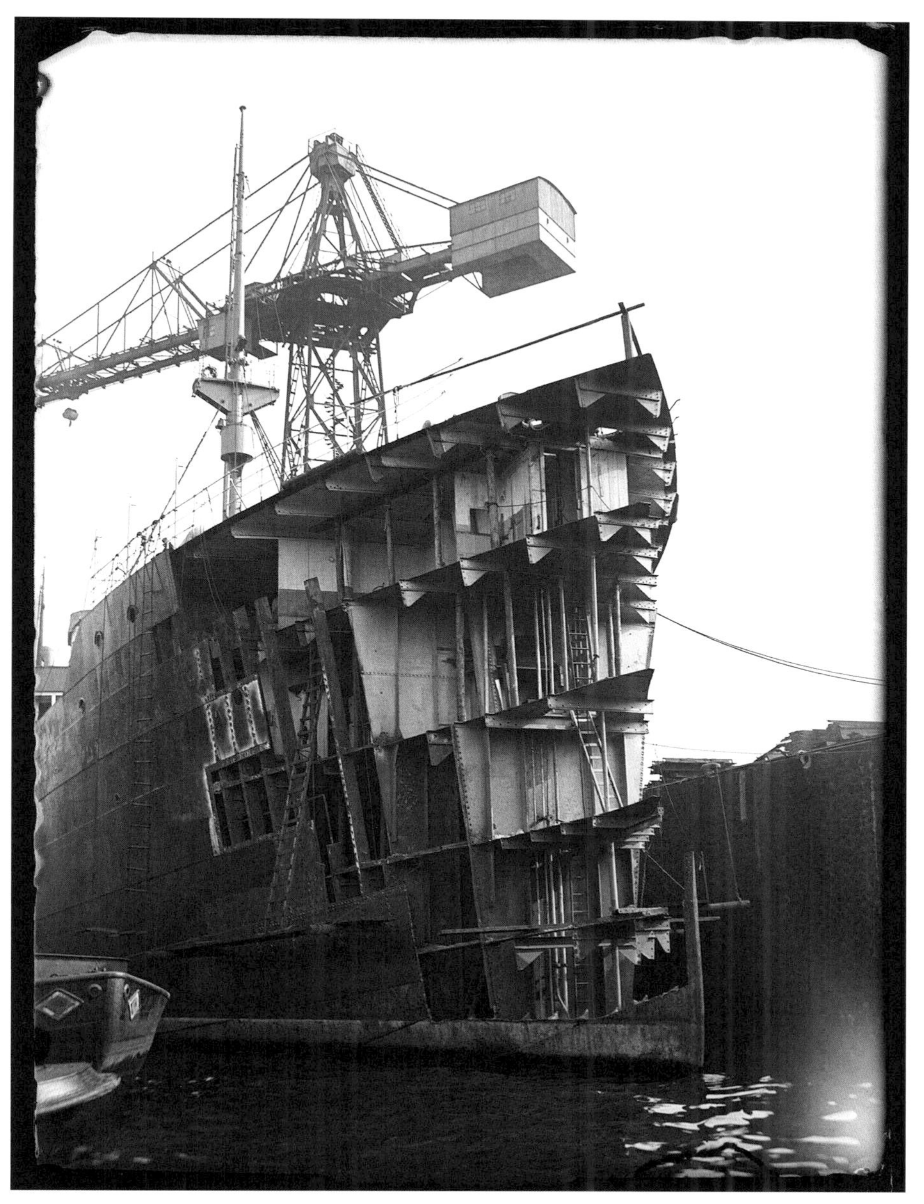

Hamburger Hafen, Werft, Schiffsbug ohne Außenhaut, um 1932

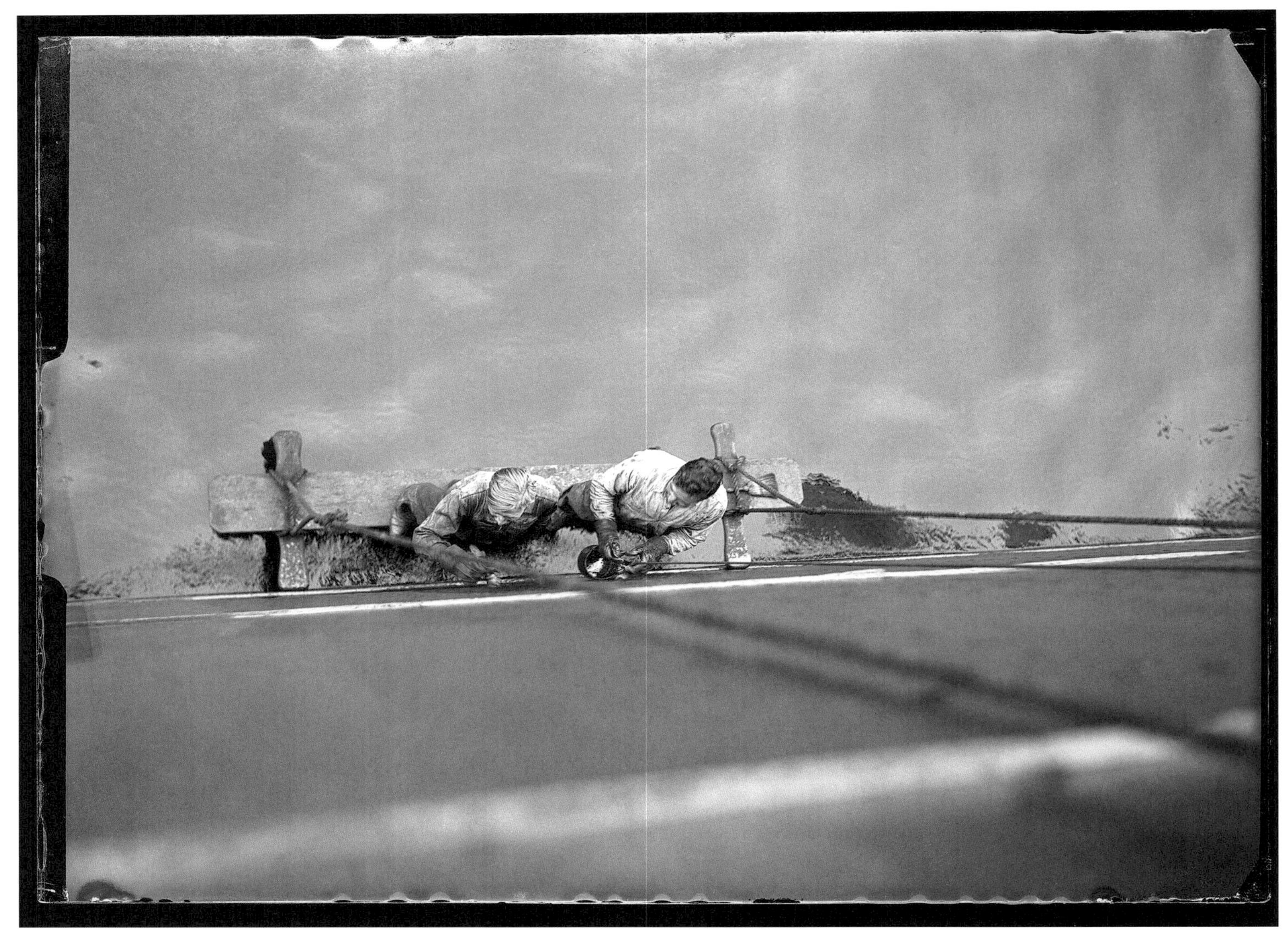

Zwei Maler auf schwankender Bohle an der Schiffshaut

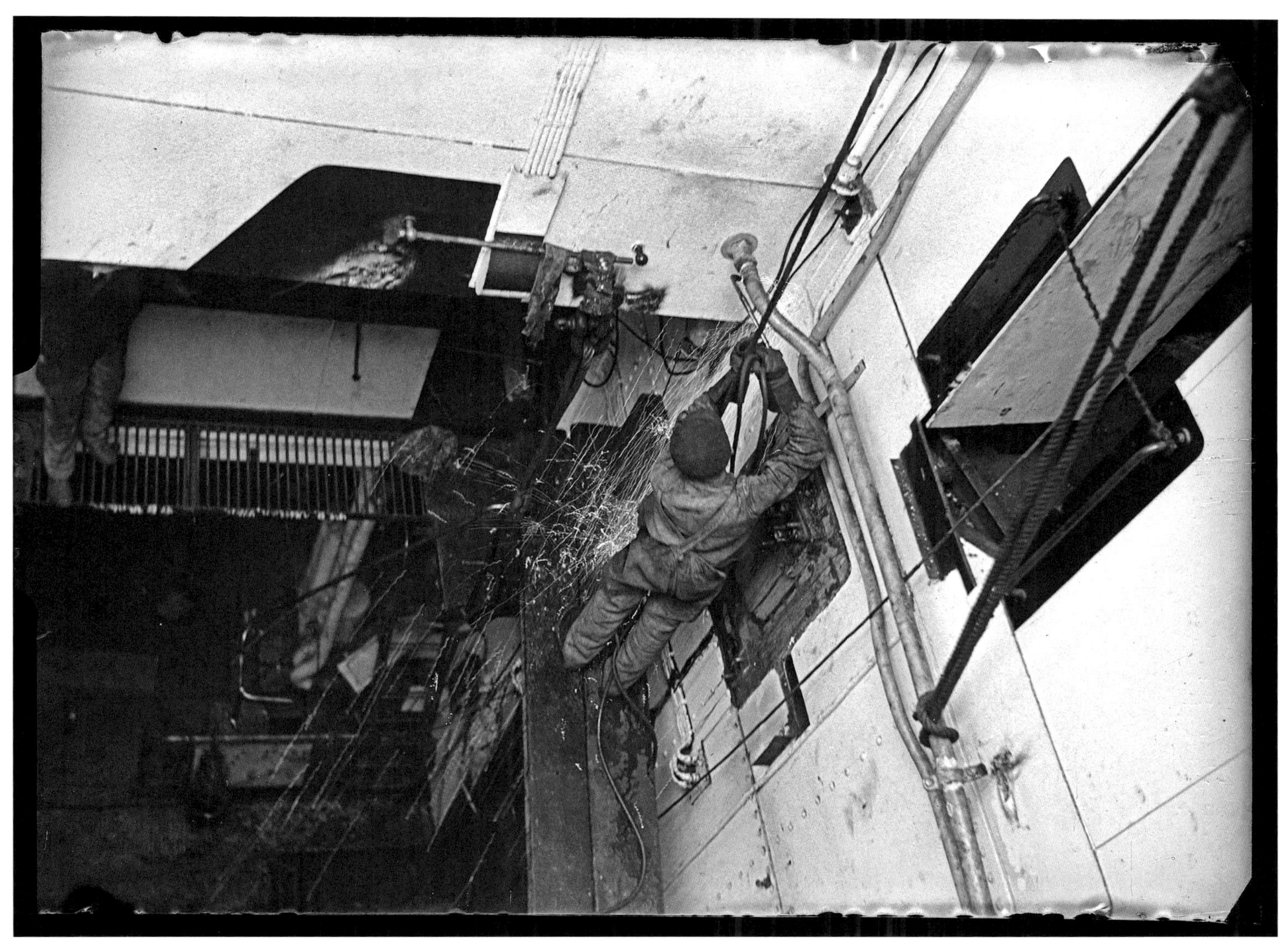

Schweißer im Laderaum

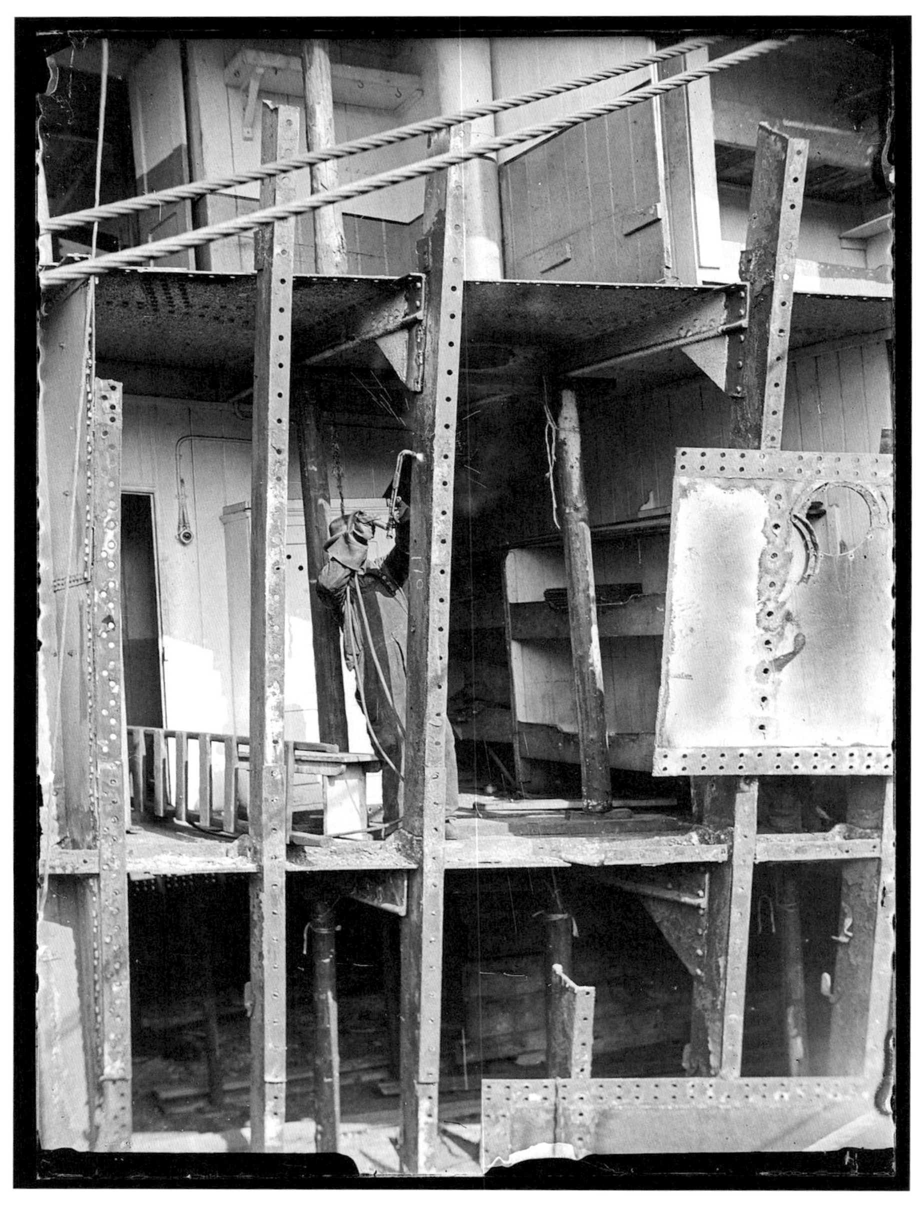

Schweißer in den Spanten

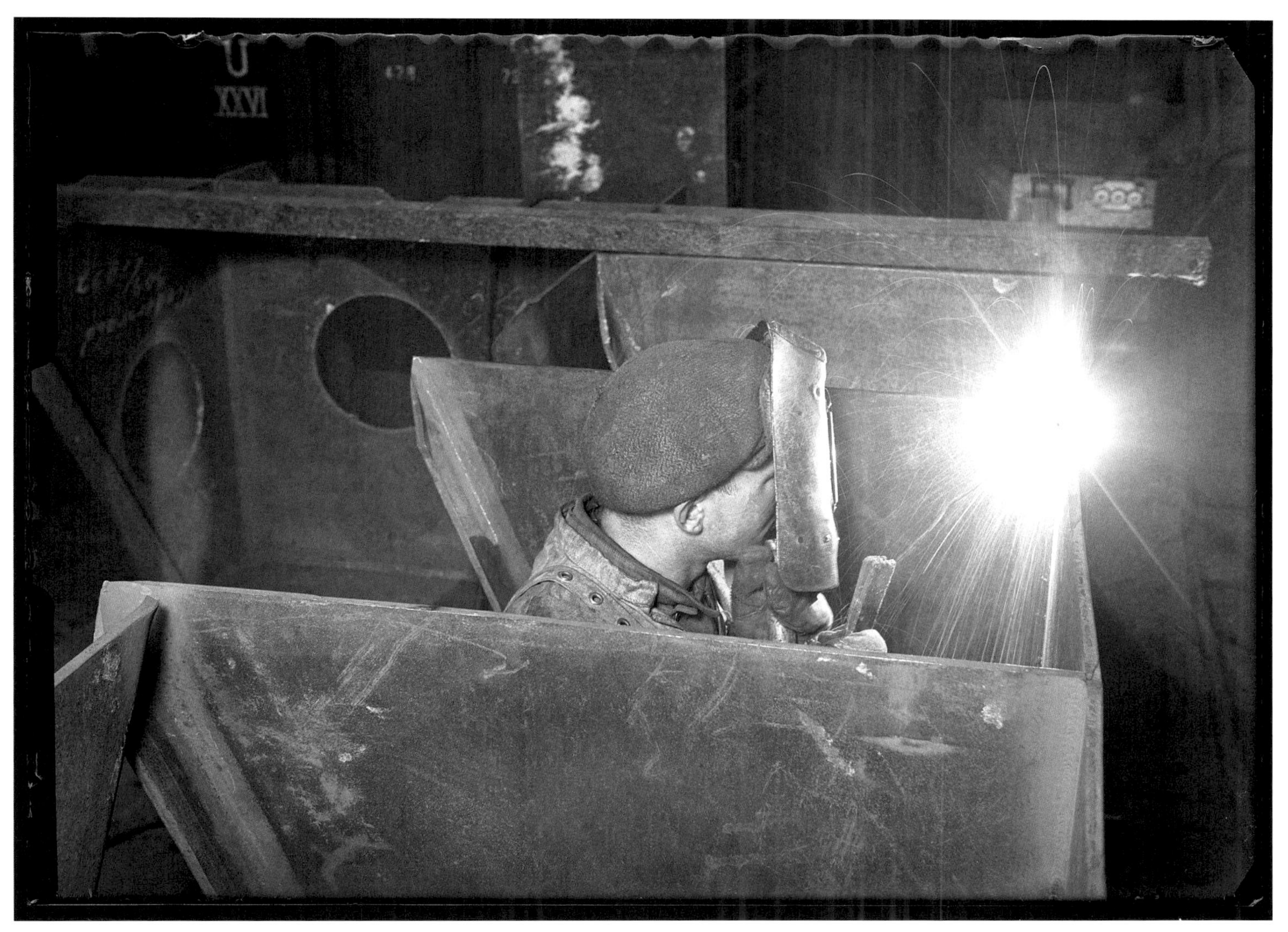

Schweißer bei der Arbeit

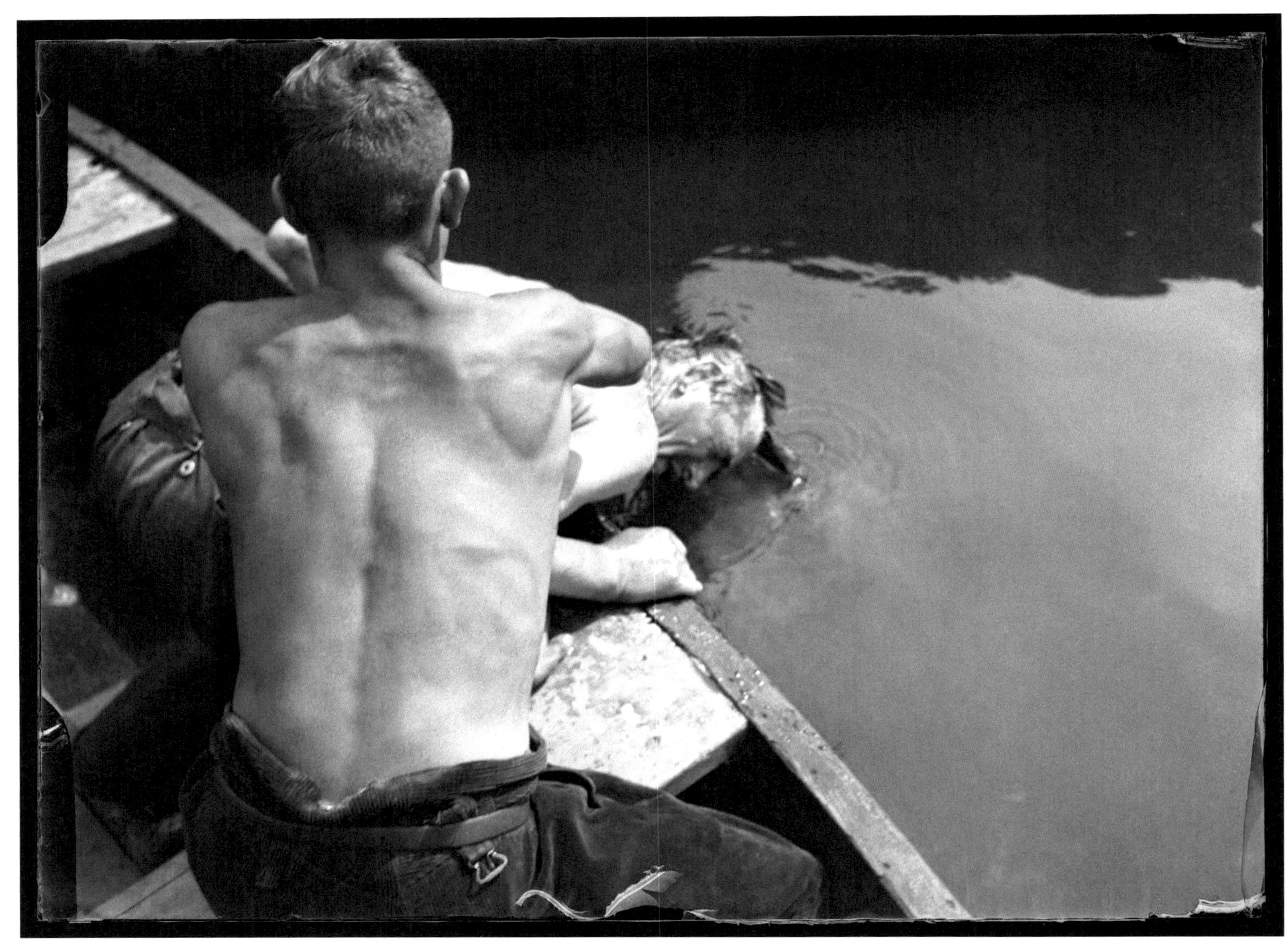

Arbeiter wäscht Kollegen mit Hafenwasser

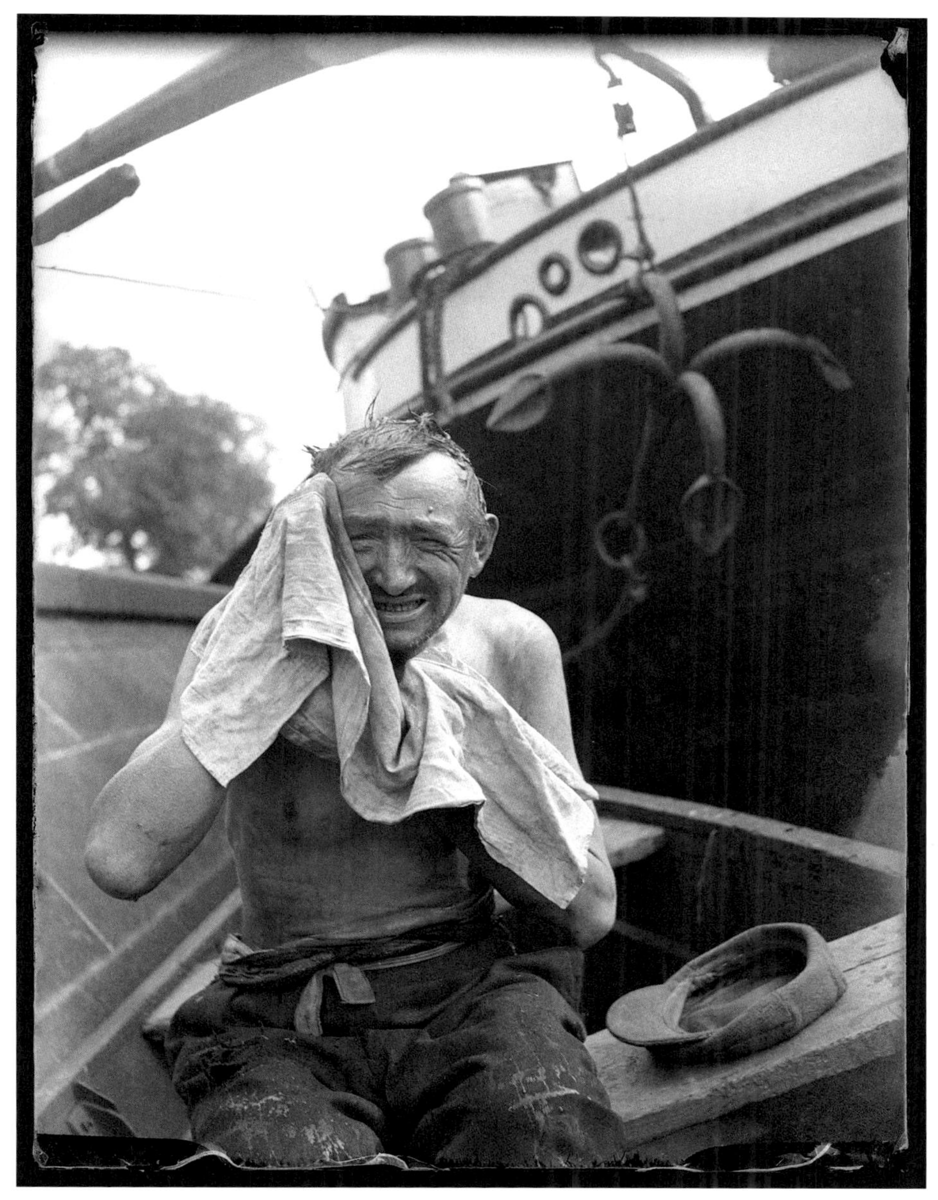

Arbeiter trocknet sich ab

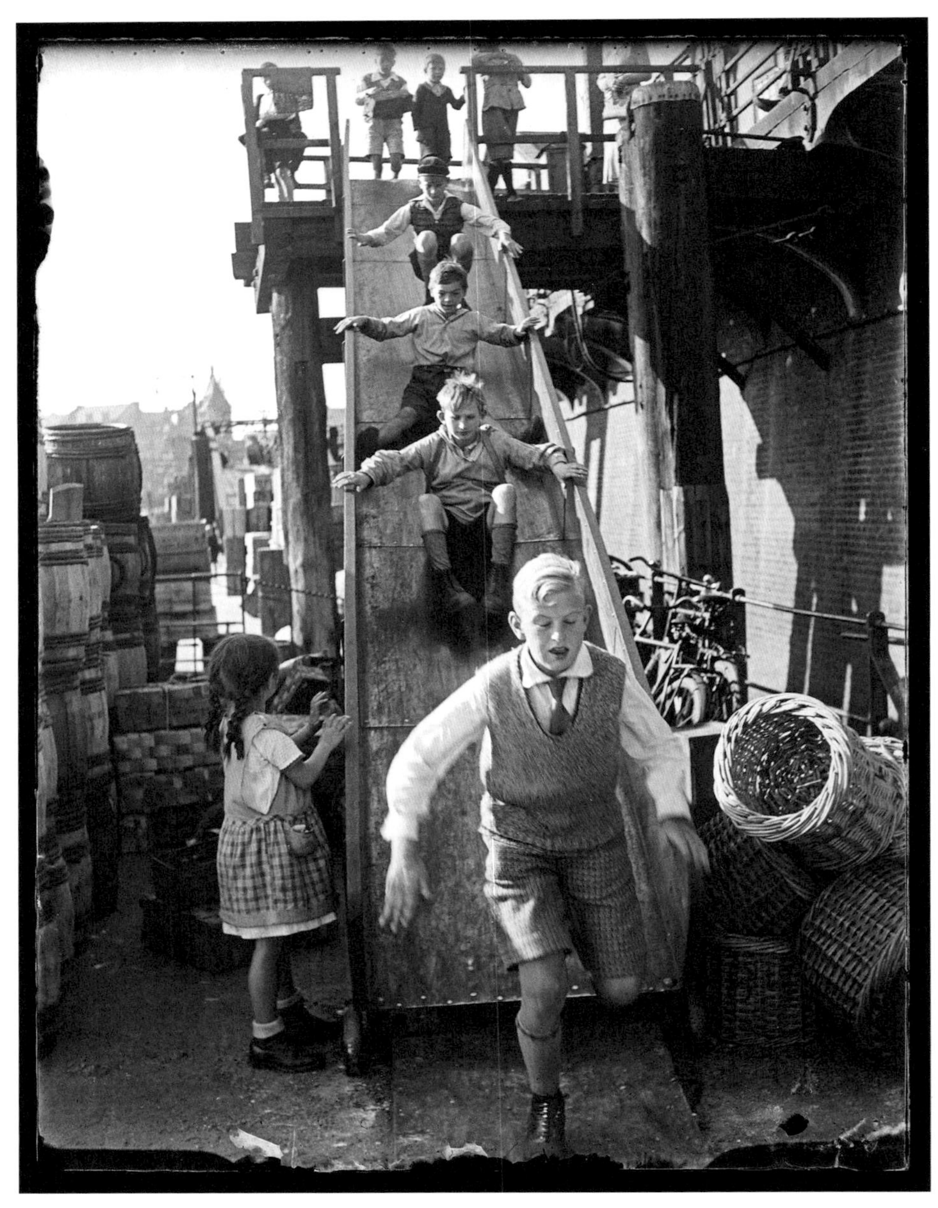

„Rutschbahn“ im Hafen

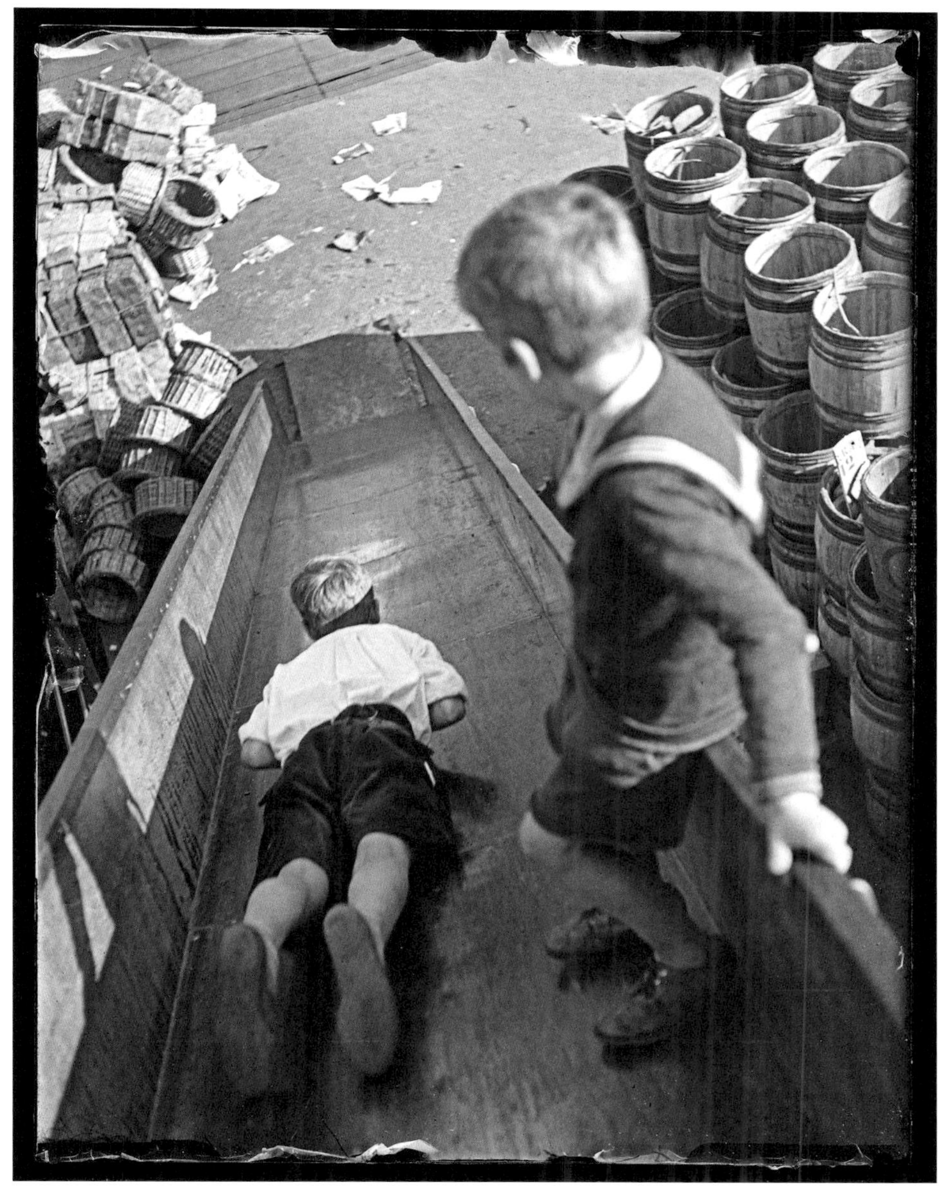

Freie Bahn!

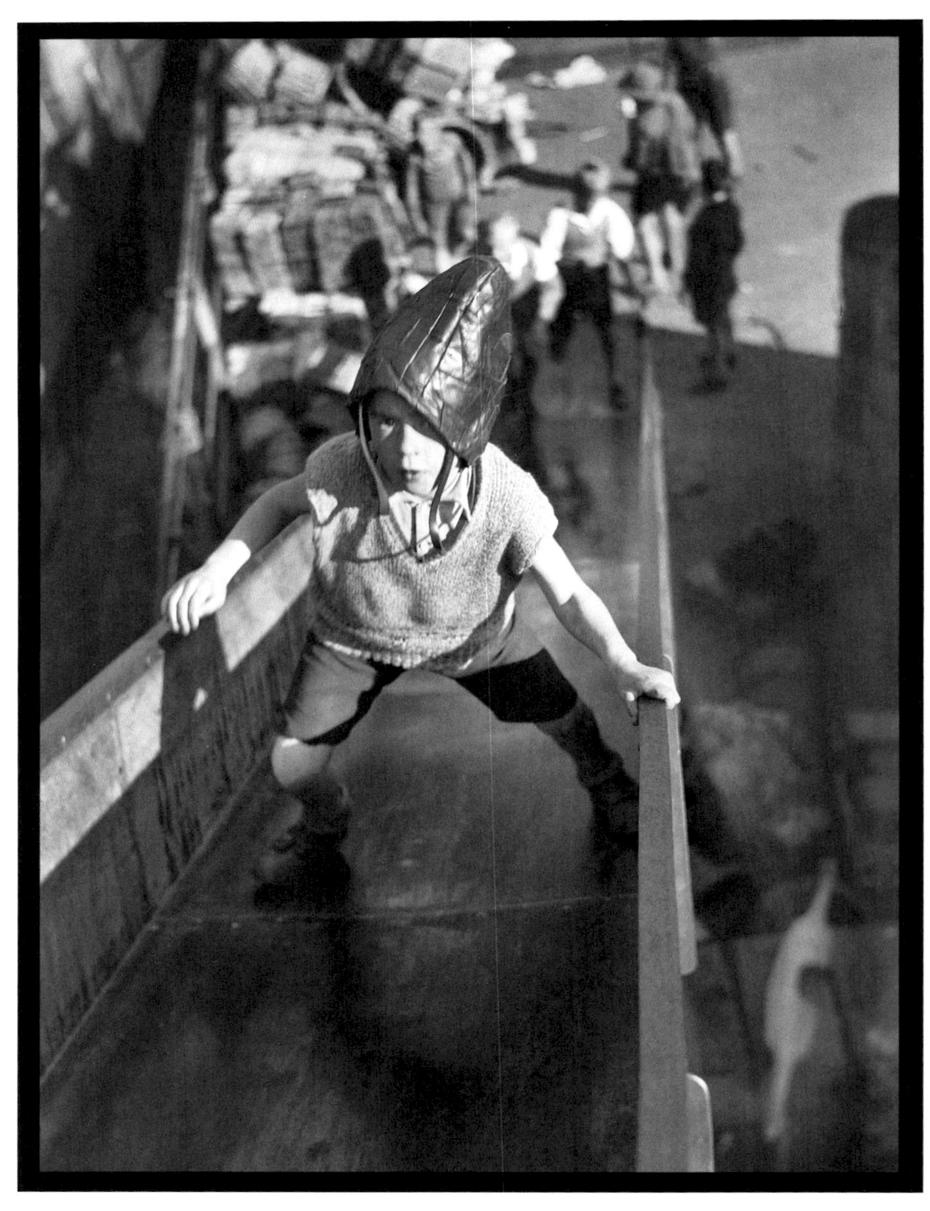

Einkaufstasche als Admiralshut

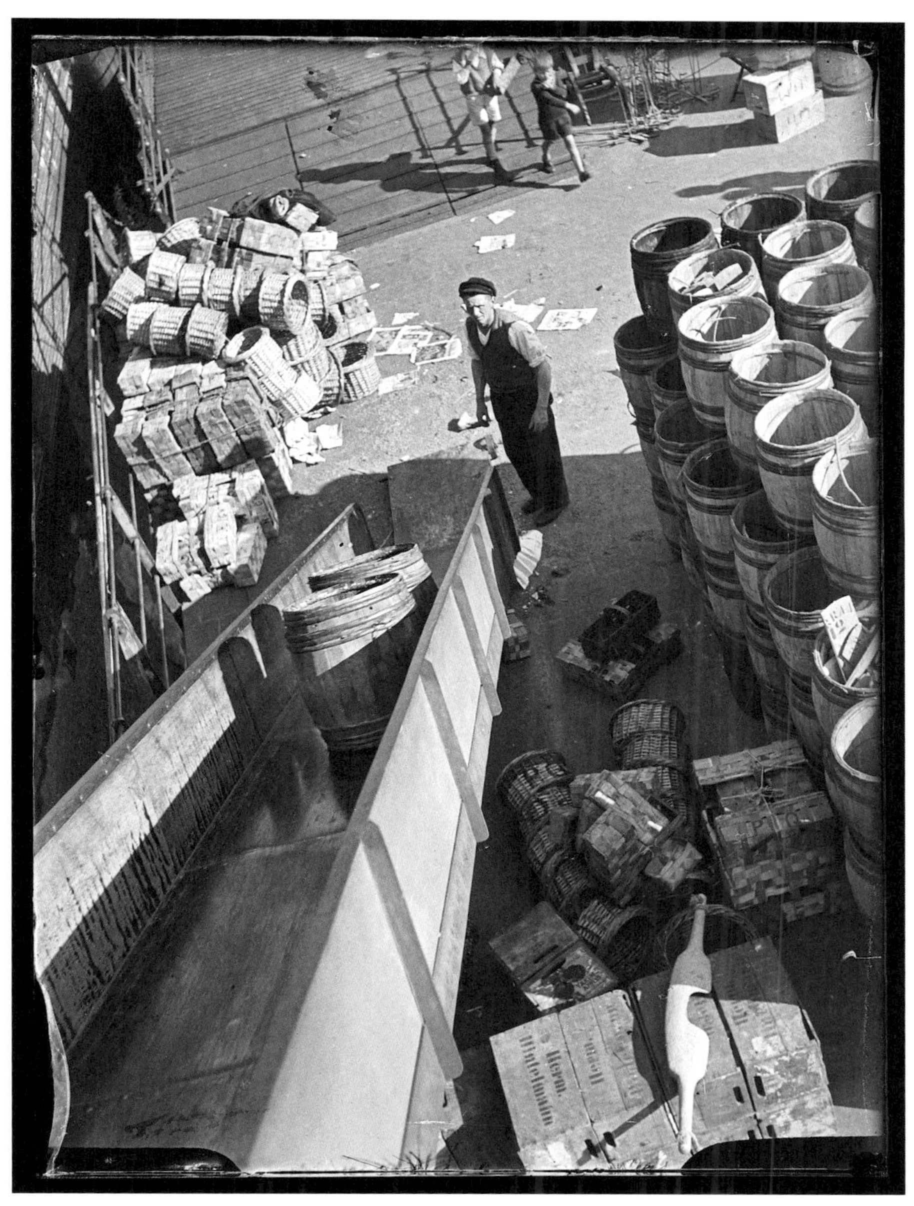

Kalfaktor als Spaßverderber

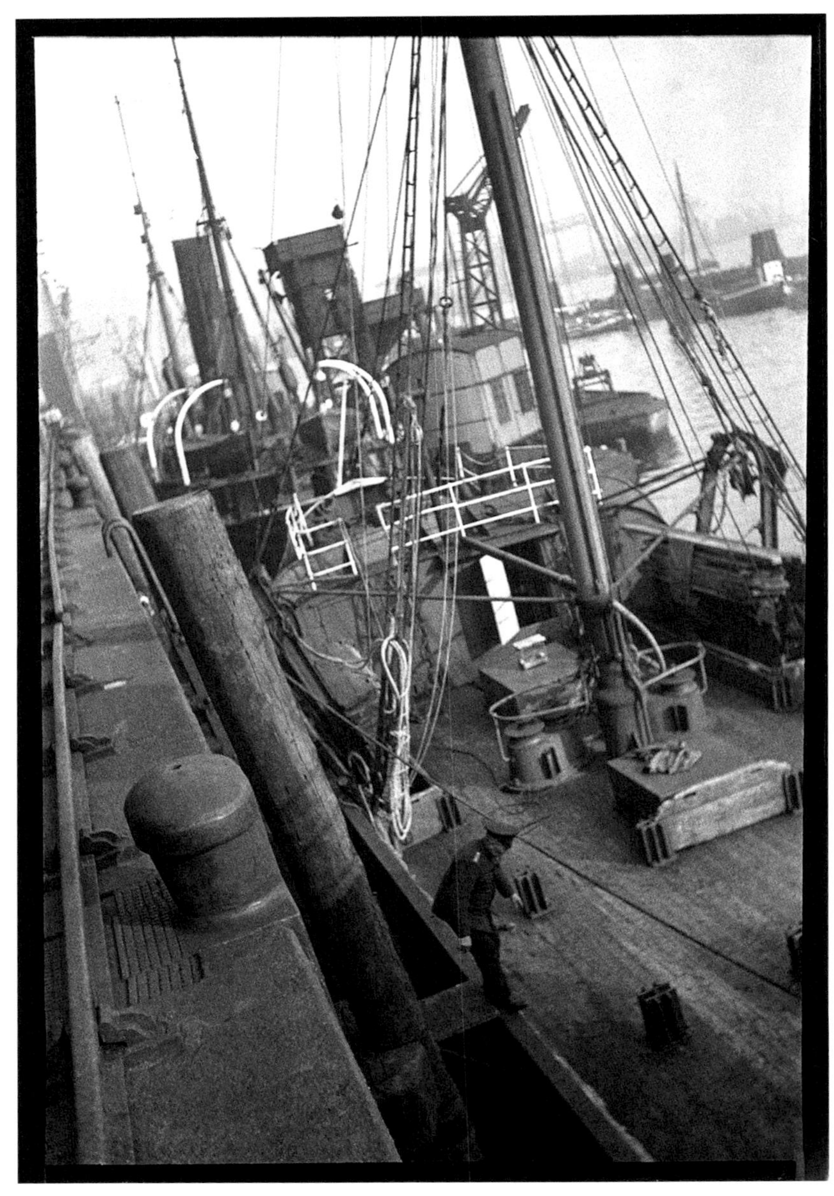

Fischmarkt Altona, Inspektor geht an Bord, um 1932

Am Altonaer Fischmarkt

Es war wieder Sonntag im Hafen: Am Altonaer Fischmarkt herrschte Hochbetrieb. Vor der Fischauktionshalle verkauften Fischer den frischen Fang direkt von Bord: den Butt mit weißem Bauch, die orange gepunktete Scholle und den glitschigen Aal. Zu den Hausfrauen und -männern gesellten sich Sehleute, die wie Fide mit der Kamera nur kieken wollten.

Vor der Auktionshalle war Markt mit lebenden Tieren: Ein Mann mit kurzer Shagpfeife zwischen den Zähnen versuchte gerade, ein Federvieh in seinen Armen zu beruhigen. Kaufen und verkaufen, dachte er, der Mensch muss handeln, wenn er was bewegen will. Bananenhöker auf Karren boten lautstark die gelben Früchte an – büschelweise. Vor ihnen Trauben von Menschen, die die Kostproben zu fangen versuchten. Höhepunkt war die zweideutige Geste, mit der ein Händler eine Bananenhand so teilte, dass in der Mitte eine einzelne Frucht verlockend steil nach oben ragte.

Am Montagmorgen gegen drei war Fide wieder am Kai der Fischauktionshalle. Er holte ein Blitzlichtgerät heraus, um die Anlandung der Fische für die Auktion zu fotografieren. Der Blitz flammte auf, die Halbglatze des Schauermanns am Kai strahlte wie der Mond: Mit einem Tritt beförderte der Schauermann einen schweren Fischkorb auf einer Rutsche an Land. Auf dem Kai fuhren Pferdewagen und Lastwagen vor. Ein vollschlanker schwindelfreier Inspektor in Uniform stand auf der schmalen Bordkante eines Fischdampfers. Fide kantete die Kamera parallel zur Kaimauer. Poller, Duckdalben, Masten und Schornsteine ragten nun schräg ins Bild: „An de Waterkant", titelte er.

In der Halle wurde der Fisch aus Körben in Kisten umgefüllt und gewogen. An eisernen Haken zogen Arbeiter die 50 Kilogramm schweren Kisten in die Auktionshalle und stellten sie blockweise zusammen. Ein Kalfaktor schrieb die Fangergebnisse auf eine Tafel. Dutzende von Arbeitern warteten auf den Anfang der Auktion. In der Mitte der Vormann, der Elbsegler leicht nach hinten geschoben, in der Latzhose ein Kistchen mit Zigarren, im selbstbewusst gehobenen Mundwinkel brannte ein Stumpen in einer Spitze. Der Auktionator in Mantel, Kragen und Schlips schwang ein Stöckchen wie ein Dirigent und eröffnete die Versteigerung.

Von der Balustrade aus hatte Fide den Überblick. Bieter in dreiteiligen Anzügen und Hüten mit Kniff, Arbeiter mit Schirmmützen in Hemd und Jacke, sie alle standen in hohen Stiefeln auf den glitschigen Rändern der Fischkisten und umringten den Auktionator mit breitkrempigem Hut. Der pochte zum Schluss eines Gebots klackend auf den hölzernen Auktionspilz in seiner linken Hand; neben ihm notierte ein Schreiber die Abschlüsse. Eine Frau in der Menge hatte Fide auf der Empore entdeckt und lächelte ihm verschmitzt zu. Fide drückte auf den Auslöser und brach damit eine Regel, die die Zeitschrift *Der Arbeiter-Fotograf* 1927 aufgestellt hatte: „Wer auf den fotografischen Apparat blickt, stört [...] den Stil des Bildes, selbst wenn es nur ein einzelner aus einer Gruppe ist." Mit dem Blick in die Kamera aber schuf Fide eine kritische Distanz zum Geschehen, wie sie auch Bertolt Brecht im Theater demonstrierte. Der Kunstkritiker John Berger[1] verglich in seinem Buch *Understanding a Photograph* einen Fotografen mit einem Schauspieler und zitierte Brechts Gedicht „Darstellung von Vergangenheit und Gegenwart in Einem", in dem der Dramatiker rät: „... hervorheben / sollt ihr den Augenblick und nicht verbergen dabei / Das, aus was ihr ihn da hervorhebt. [...] So / Zeigt ihr den Fluß des Geschehens zugleich dem / Ablauf / eurer Arbeit [...]." Auf diese Weise würden, laut Berger und Brecht, sowohl Schauspieler als auch Fotografen den Betrachtenden erlauben, „dieses jetzt vielfältig zu erleben, aus dem Vorher / kommend und ins / Nachher gehend und manches andere Jetzt / Neben sich habend",[2] mit anderen Worten: Gleichzeitigkeit.

Zurück zur Fischauktion: Der Pulk der Kaufleute und Arbeiter balancierte indessen über die Kisten zum nächsten Los. Fide rechnete: Jede Kiste enthält 50 Kilogramm Fisch, ein Los umfasst etwa 100 Kisten. Und bis zum Ende der Halle waren es Hunderte ...

Geschmeidig wie ein Fisch im Wasser folgte Fide den handelnden Menschen, machte Beute und füllte seine Kamerakiste. Zum Schluss entdeckte er noch einen voll beladenen Lastwagen. Obenauf lag ein fetter Haifisch. „Der hat Zähne", fiel Fide ein, „vor denen hat der Brecht in der *Dreigroschenoper* gewarnt und behauptet, dass Fressen wichtiger sei als die Moral."

Fides kleine Kamera reduzierte die dreidimensionale Welt der Kisten und Kästen auf zwei Dimensionen, hielt die Essenz der Tatsachen für die Erinnerung fest, machte sie haltbar, transportfähig und wieder wahrnehmbar.

In einer Räucherei folgte die Fortsetzung der Fischreportage: Ein Mann mit einem Rupfensack als Schürze hielt einen Spieß, auf dem 20 Bücklinge goldig glänzten. Rauch wehte aus kniehohen Öfen durch den Raum. Tiefschwarzer, von Fett glänzender Sott bedeckte die Wände. Hier hingen nun die einst kaum zu greifenden Aale schimmernd wie Schwerter im Qualm. Eine Frau mit Ohrring und hochgekrempelten Ärmeln achtete darauf, dass der Rauch sich nicht verzog.

Fischhandel und Räucherei waren bis auf wenige Ausnahmen Männersache. Das Drehen von Rollmöpsen und das Belegen von Brötchen war hingegen Frauenarbeit. Frauen, zwischen 20 und 50 Jahre alt, in Kittelschürzen und mit hochgebundenen Kopftüchern, zogen Bücklinge von den Spießen und verpackten sie. Sie schlitzten Makrelen auf, rollten Heringe zu Möpsen und schnippelten Salate. Am Verkaufstresen bedienten derweil Frauen in weißen Kitteln gut betuchte Herren und Damen in dunklen Kleidern. Es war eine schwarz-weiße Welt. Im Kontor wurde sie wieder weiß. Emsige Frauen in Kitteln machten Buchhaltung und schrieben Rechnungen. Die in Fides Aufnahmen abwesenden Männer kassierten.

1 John Berger: *Understanding a Photograph*, London 2013; deutsche Ausgabe: *Der Augenblick der Fotografie. Essays*, München 2016, S. 59 f.
2 Brecht-Zitat im Original entnommen aus: Bertolt Brecht: „Darstellung von Vergangenheit und Gegenwart in einem", in: ders.: *Über Theater*, zusammengestellt und redigiert von Werner Hecht, 1. Aufl., Leipzig 1966, S. 146/147, hier S. 147.

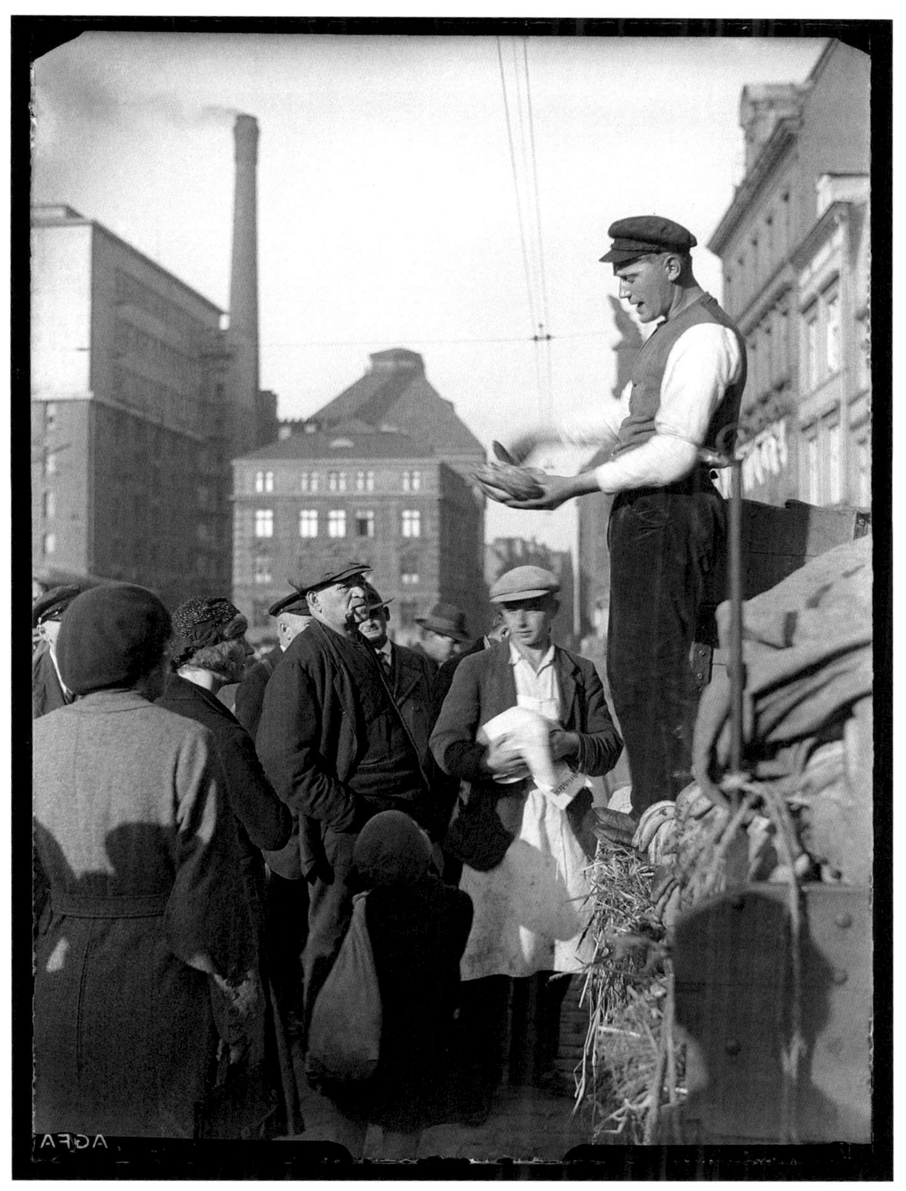

Bananenhöker vor der Auktionshalle

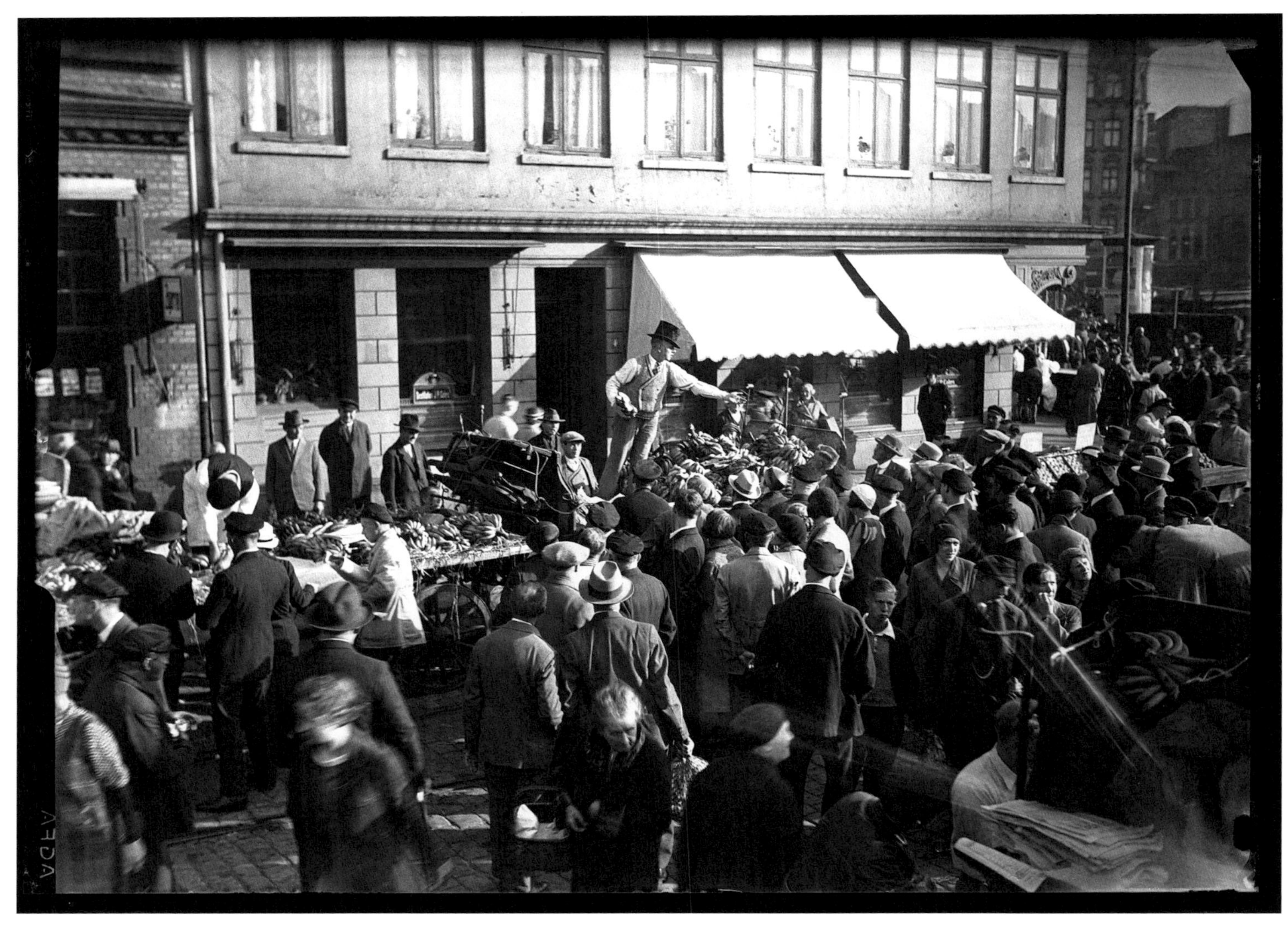

Bananenhöker vor der Auktionshalle

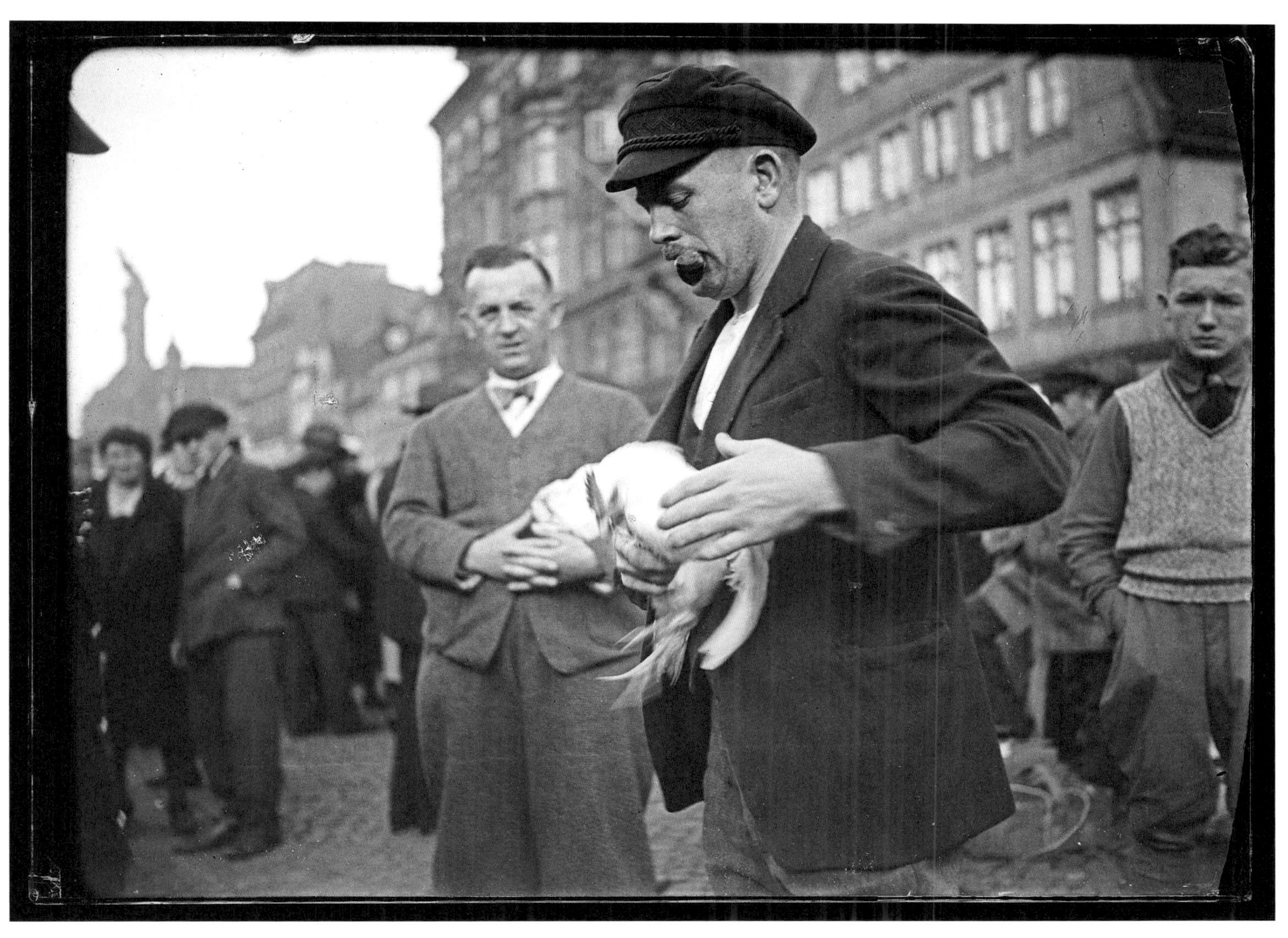

Kleintierhandel vor der Auktionshalle

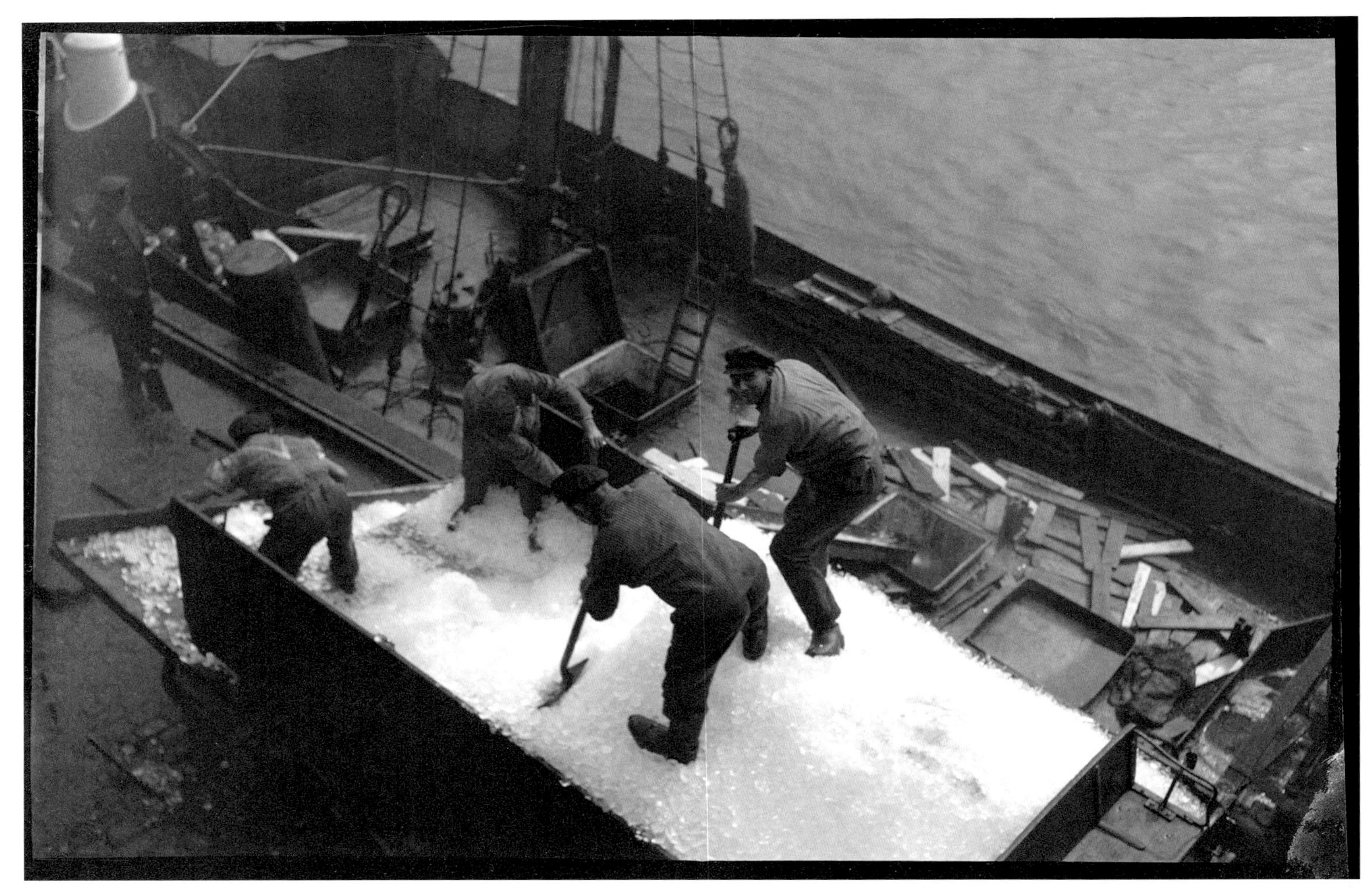

Eis wird geliefert

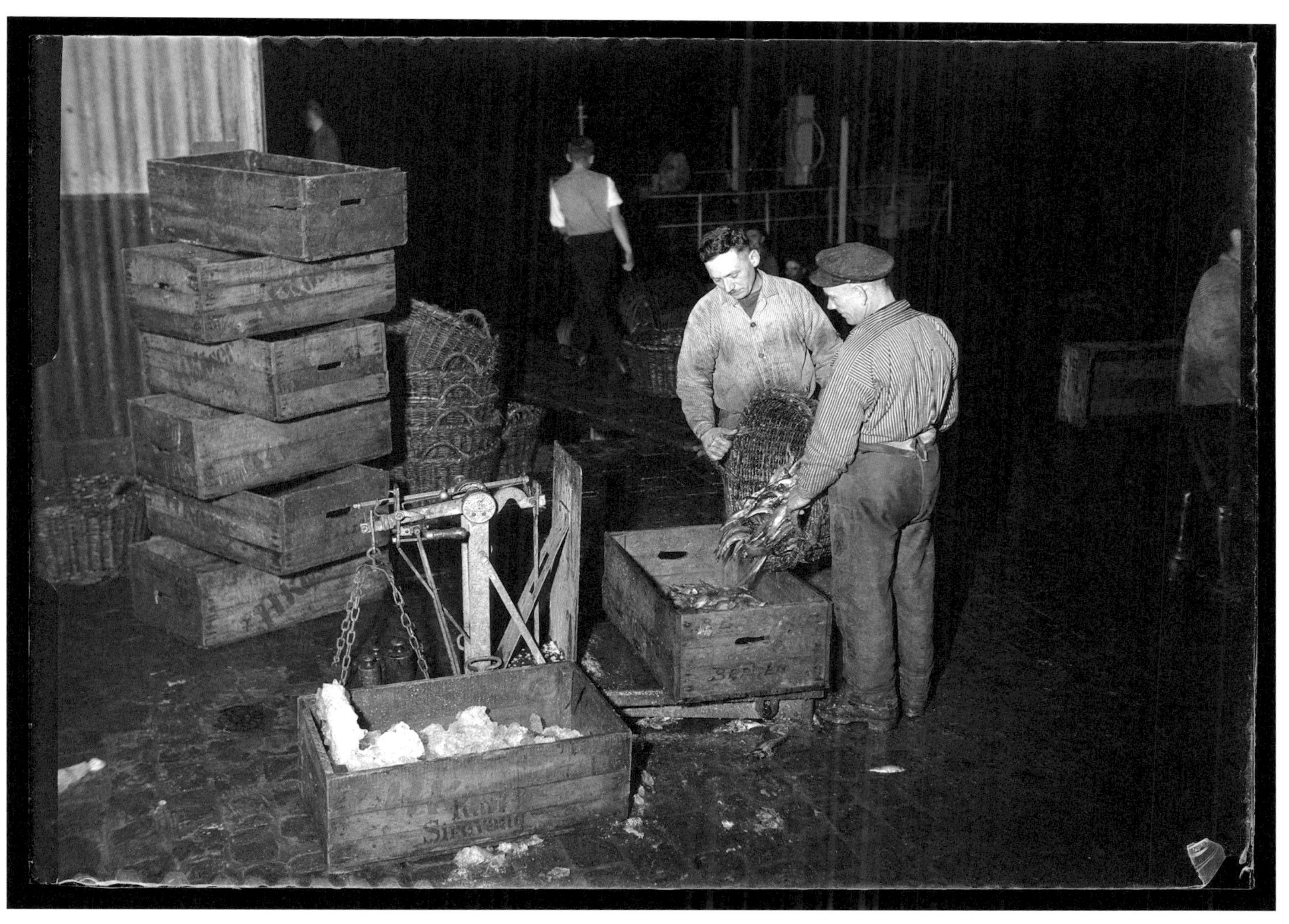

In der Fischauktionshalle: Jede Fischkiste wird auf 50 Kilogramm abgewogen

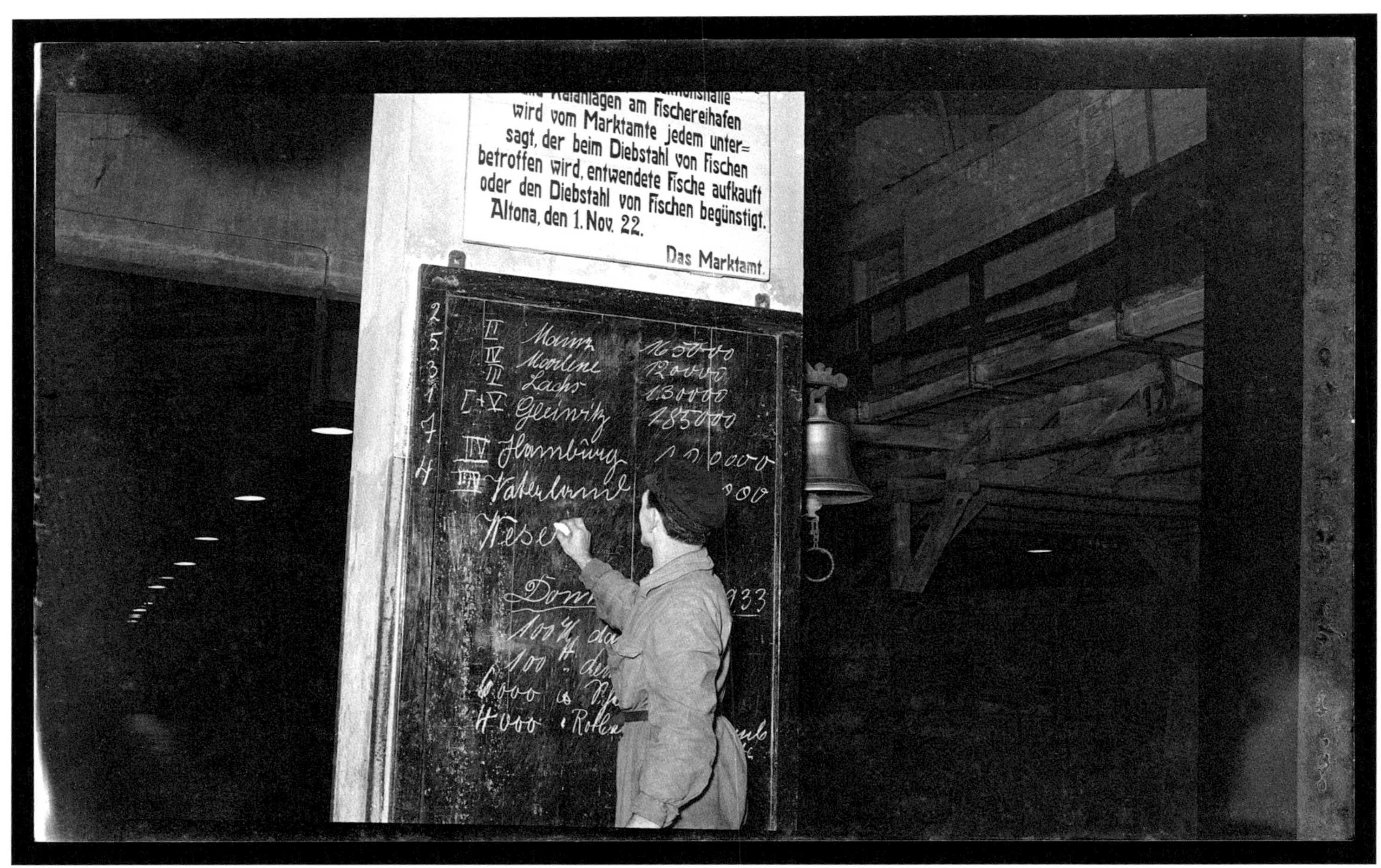

Fangergebnisse

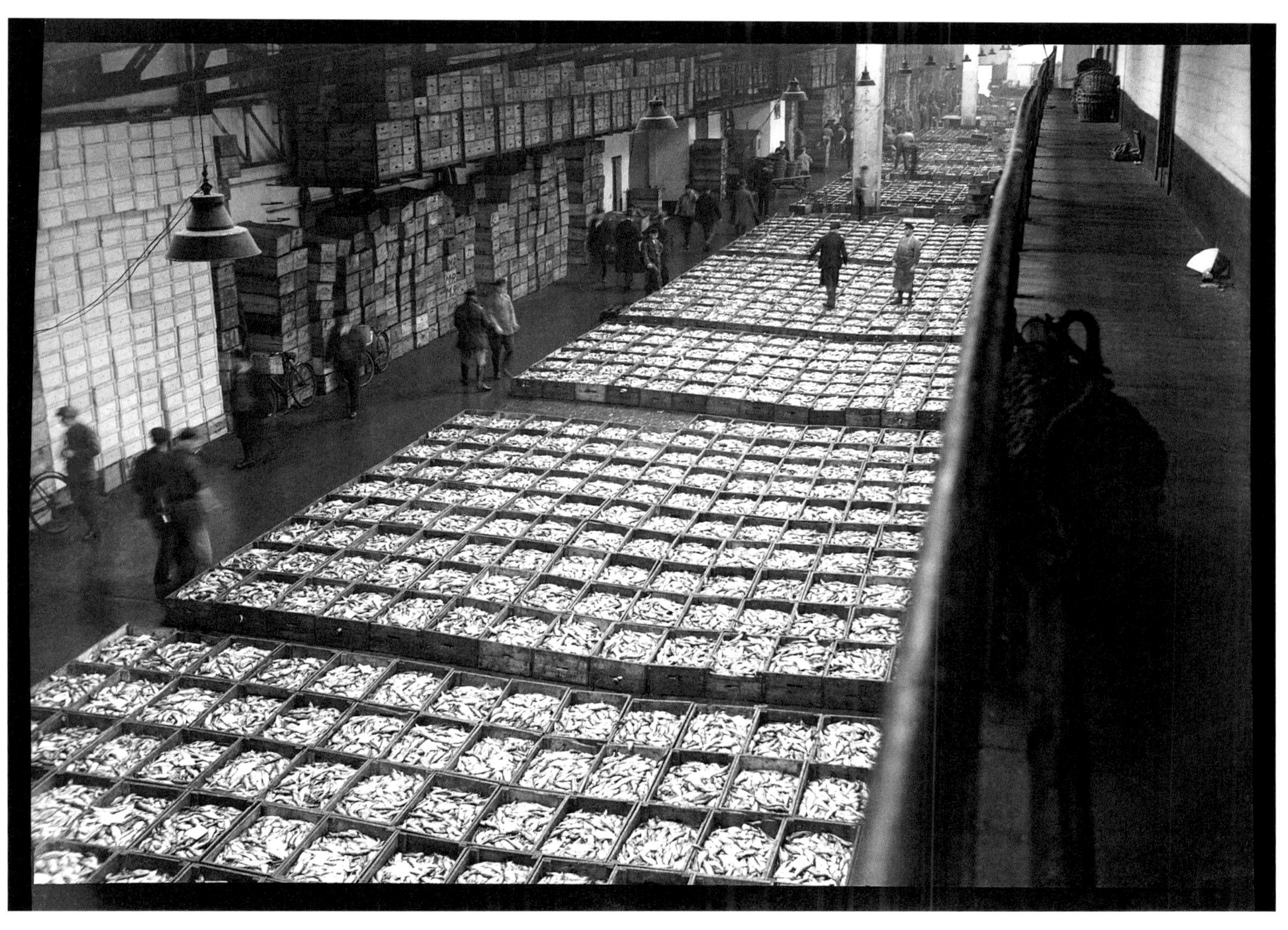

Fischkisten, jede enthält 50 Kilogramm

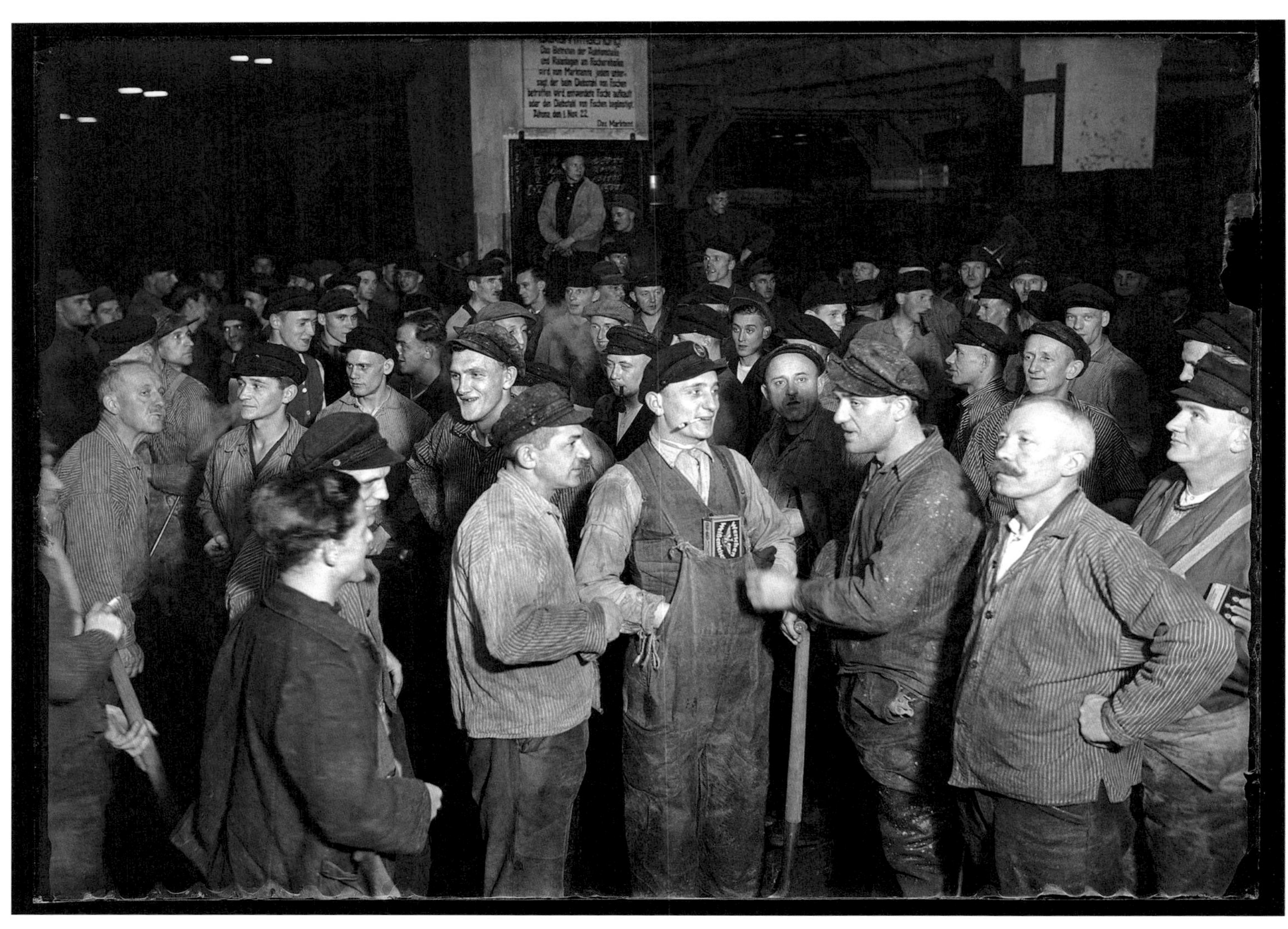

Schauerleute warten auf den Beginn der Fischauktion

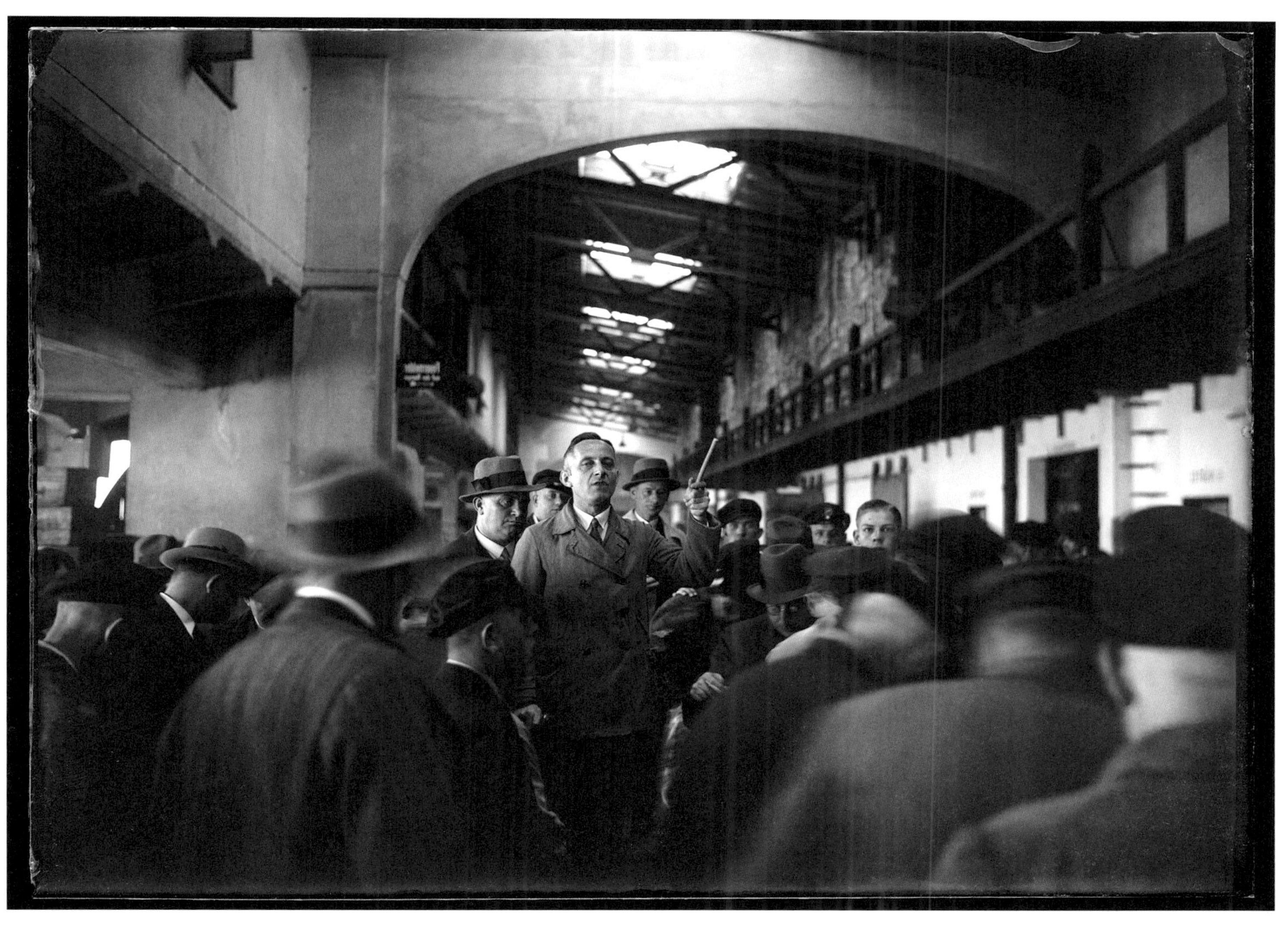

Auktionator mit Stöckchen, mit dem der Zuschlag erfolgt

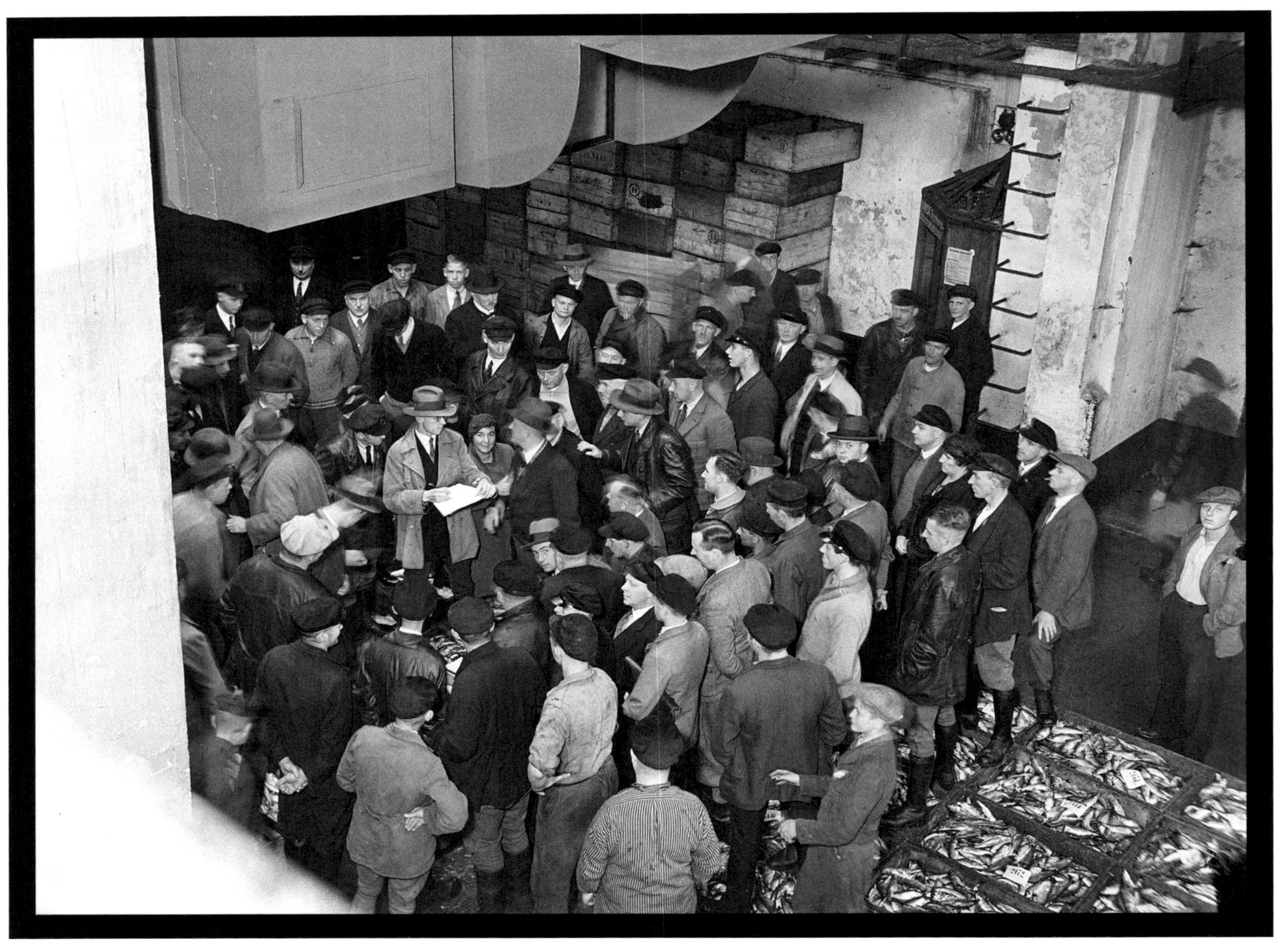

Fischauktion: In der Mitte links der Schreiber im hellen Mantel mit Protokollheft, rechts von ihm der Auktionator im dunklen Anzug, zwischen beiden eine Frau mit Blick in die Kamera (siehe Text S. 34)

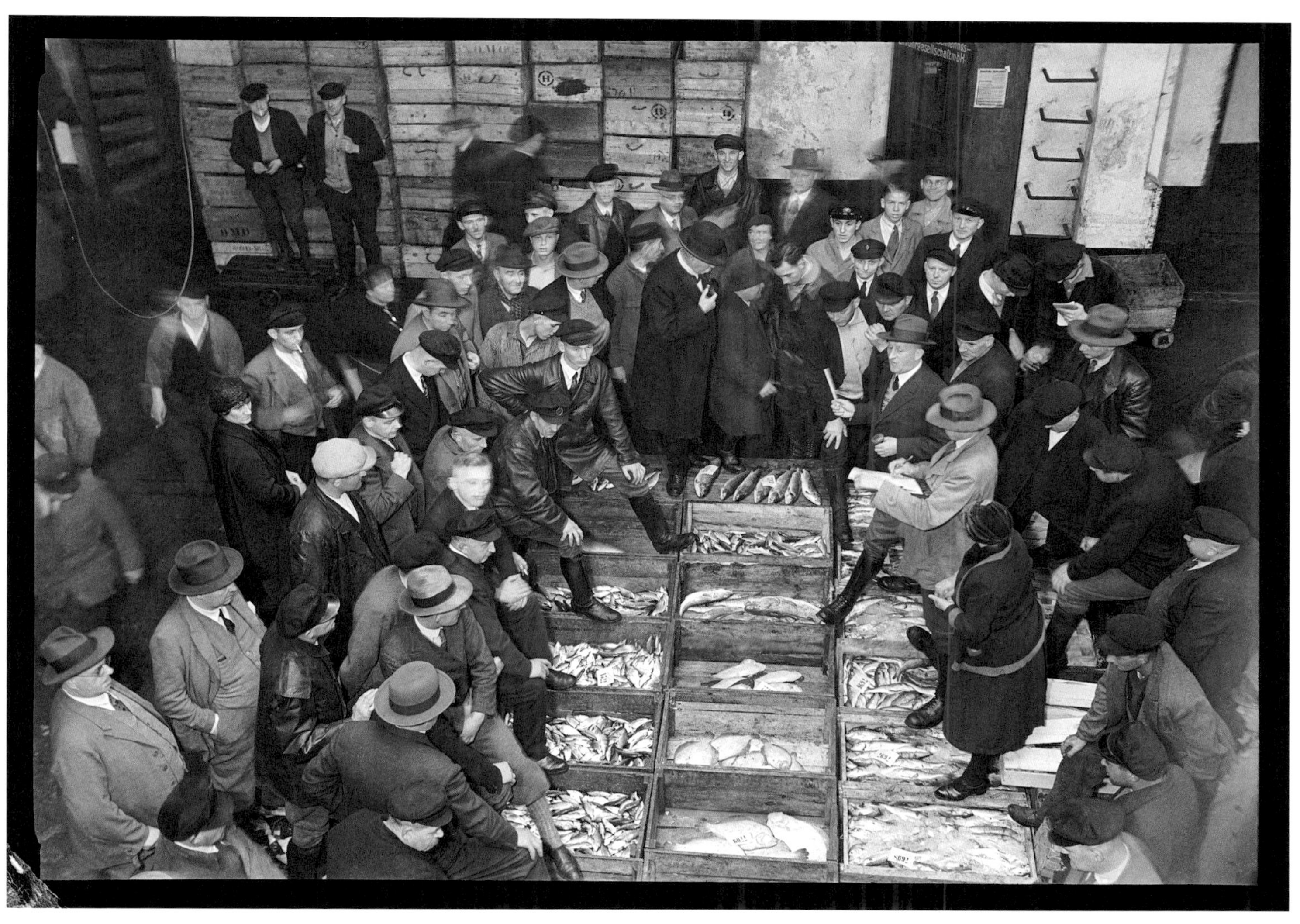

Fischauktion für Groß- und Einzelhändler sowie Gastronomen

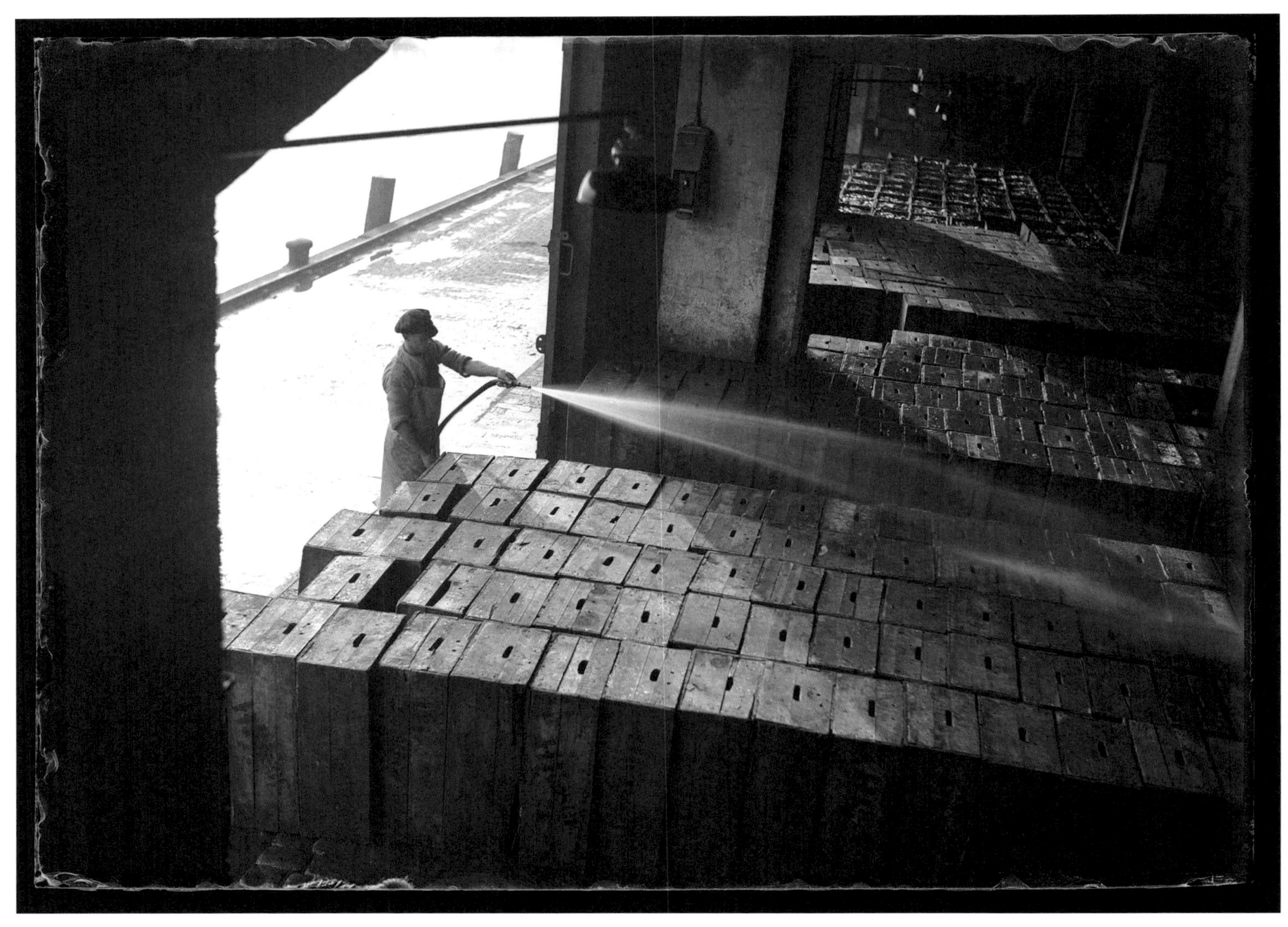

Arbeiter säubert Kisten mit einem Schlauch

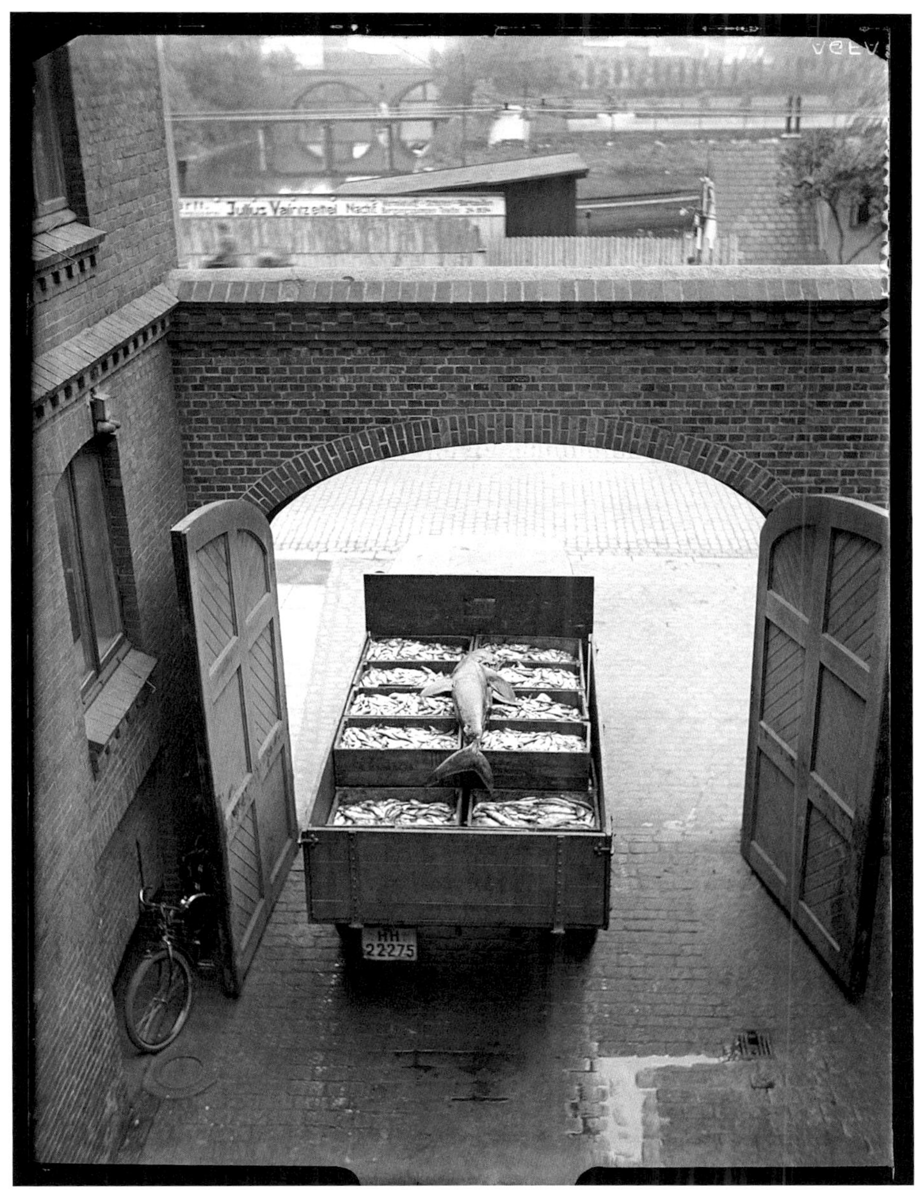

Der Haifisch verlässt die Szene

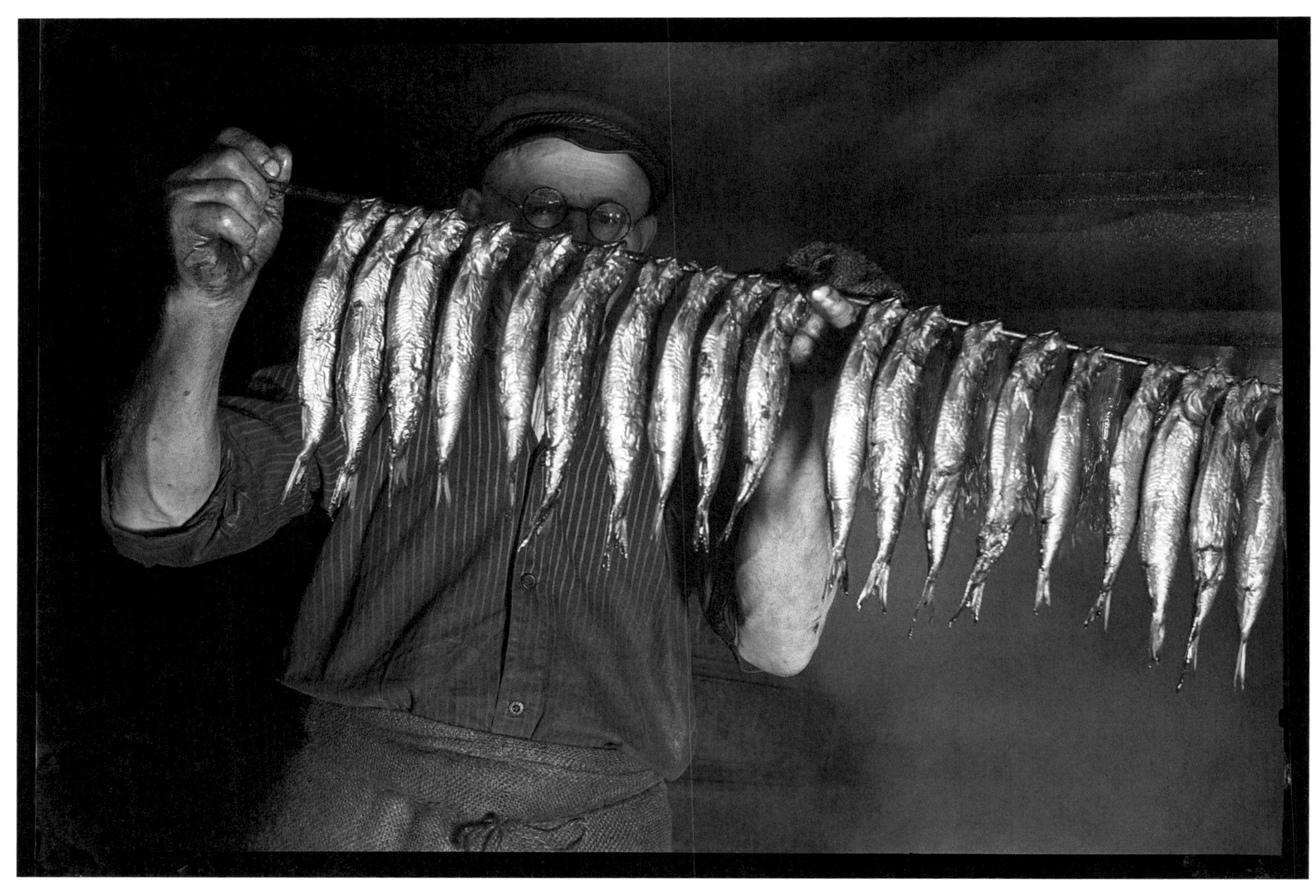

Fischverarbeitung, Räucherei, Mann mit Bücklingen am Spieß, um 1932

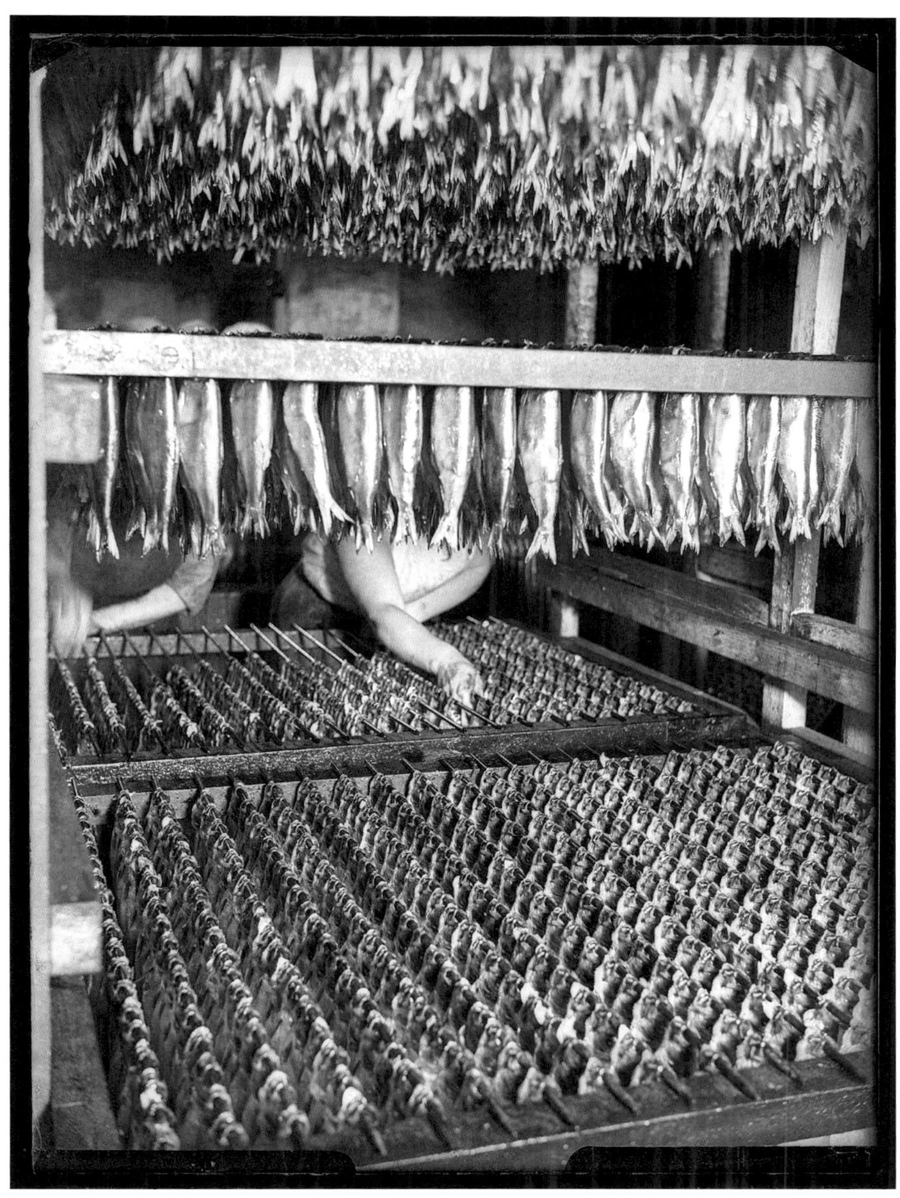

Bücklinge und Frauen im Rauch

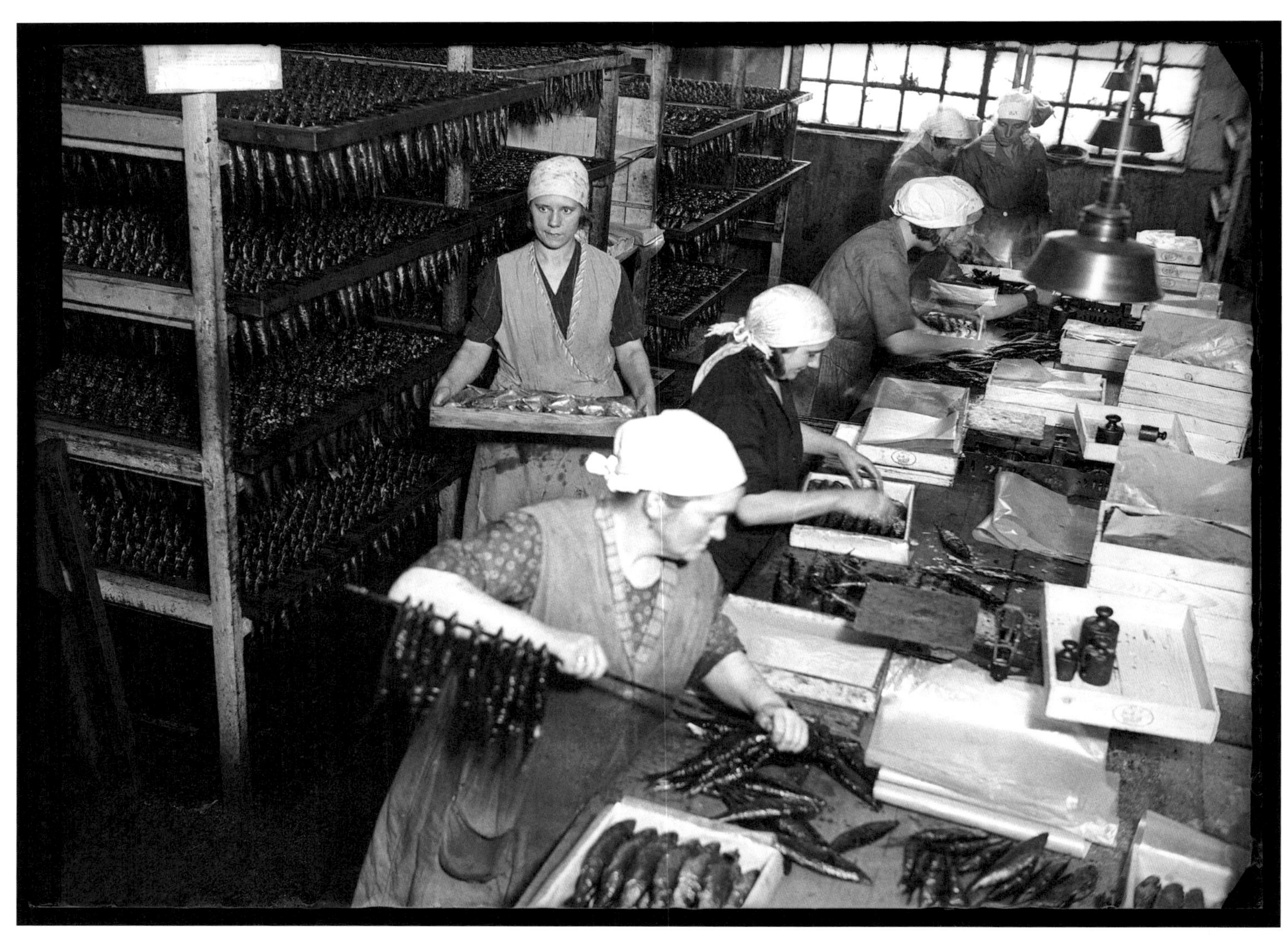

Bücklinge werden vom Spieß gezogen

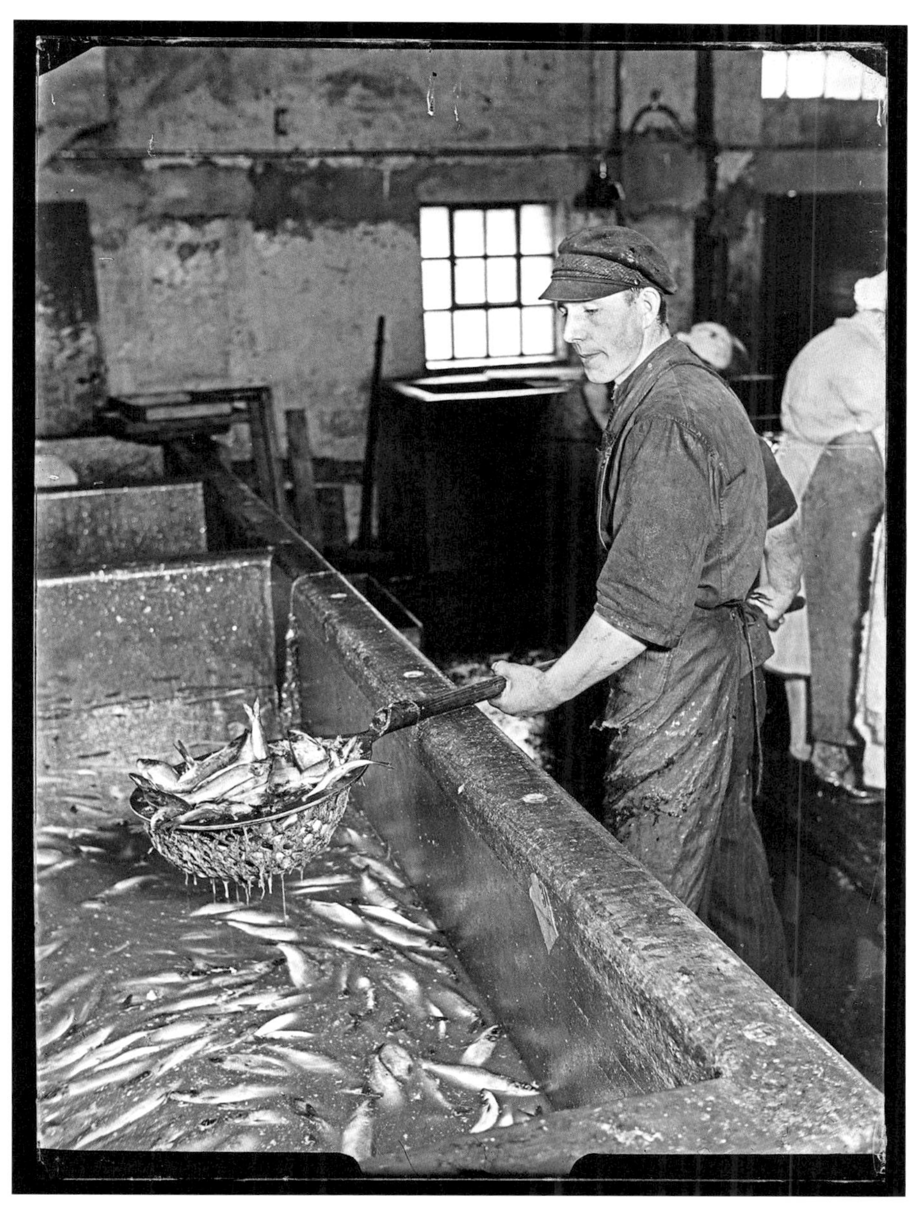

Arbeiter keschert Fische aus Salzlake

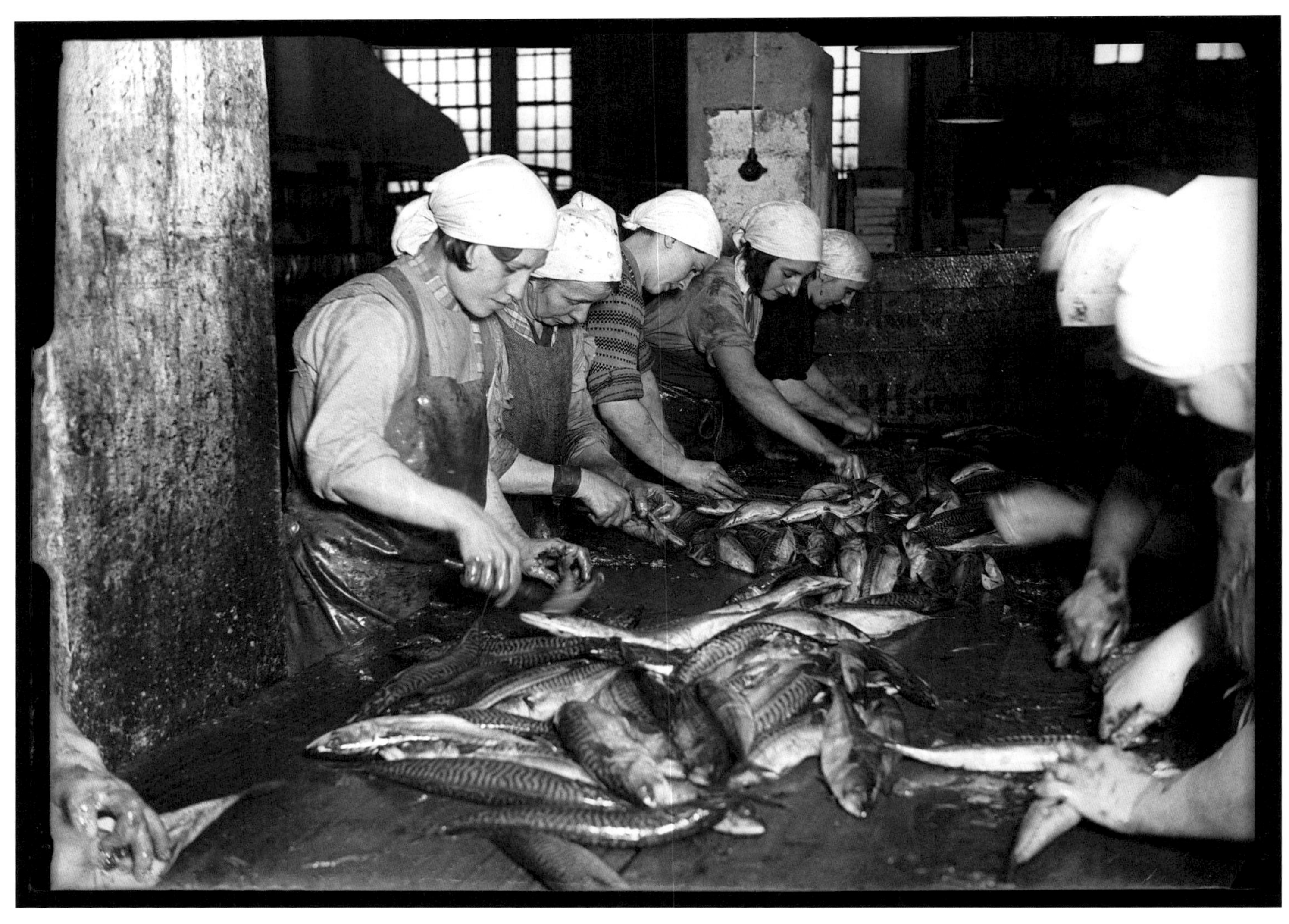

Frauen nehmen Makrelen aus

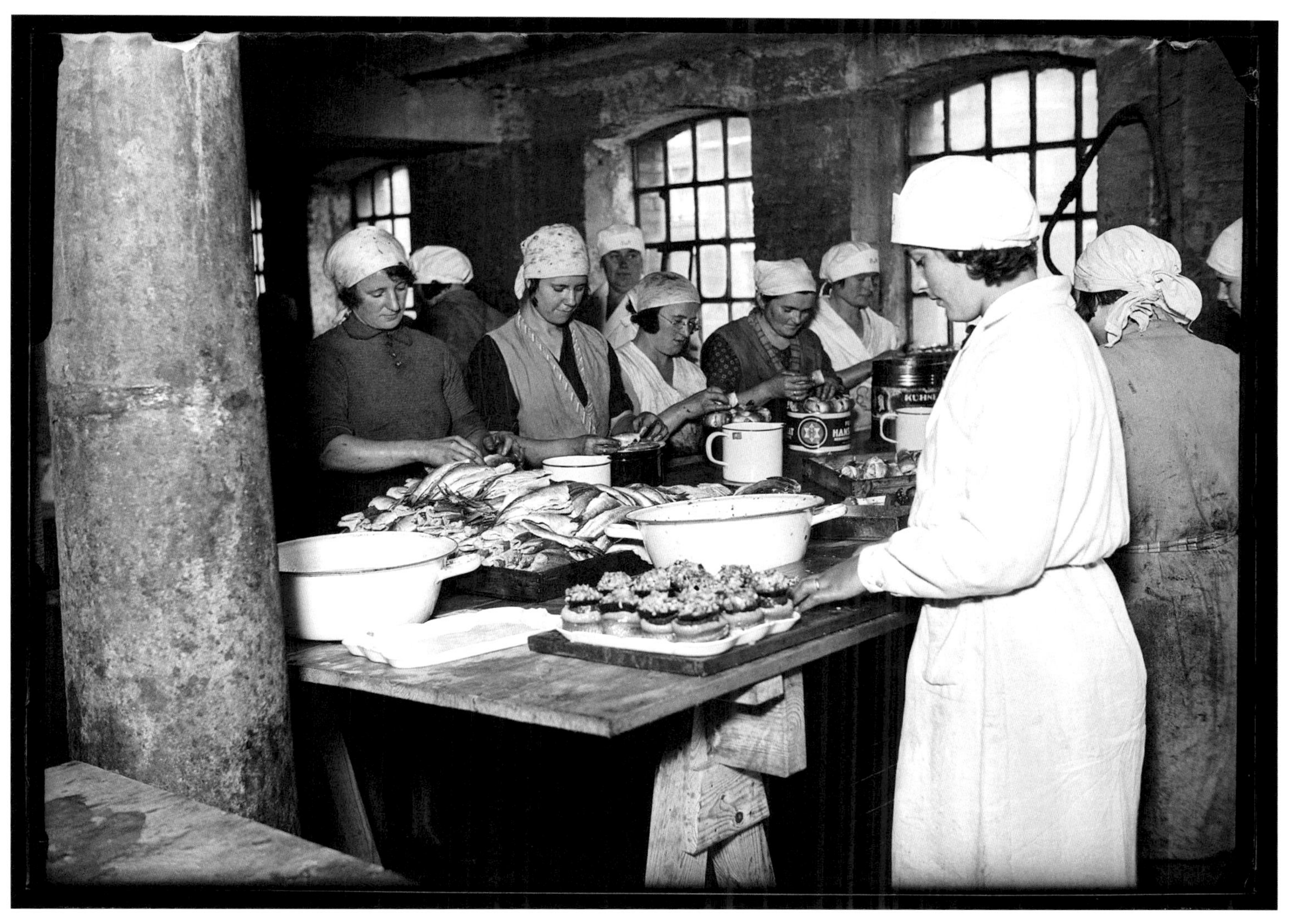

Frauen bereiten Rollmöpse zu und belegen Fischbrötchen

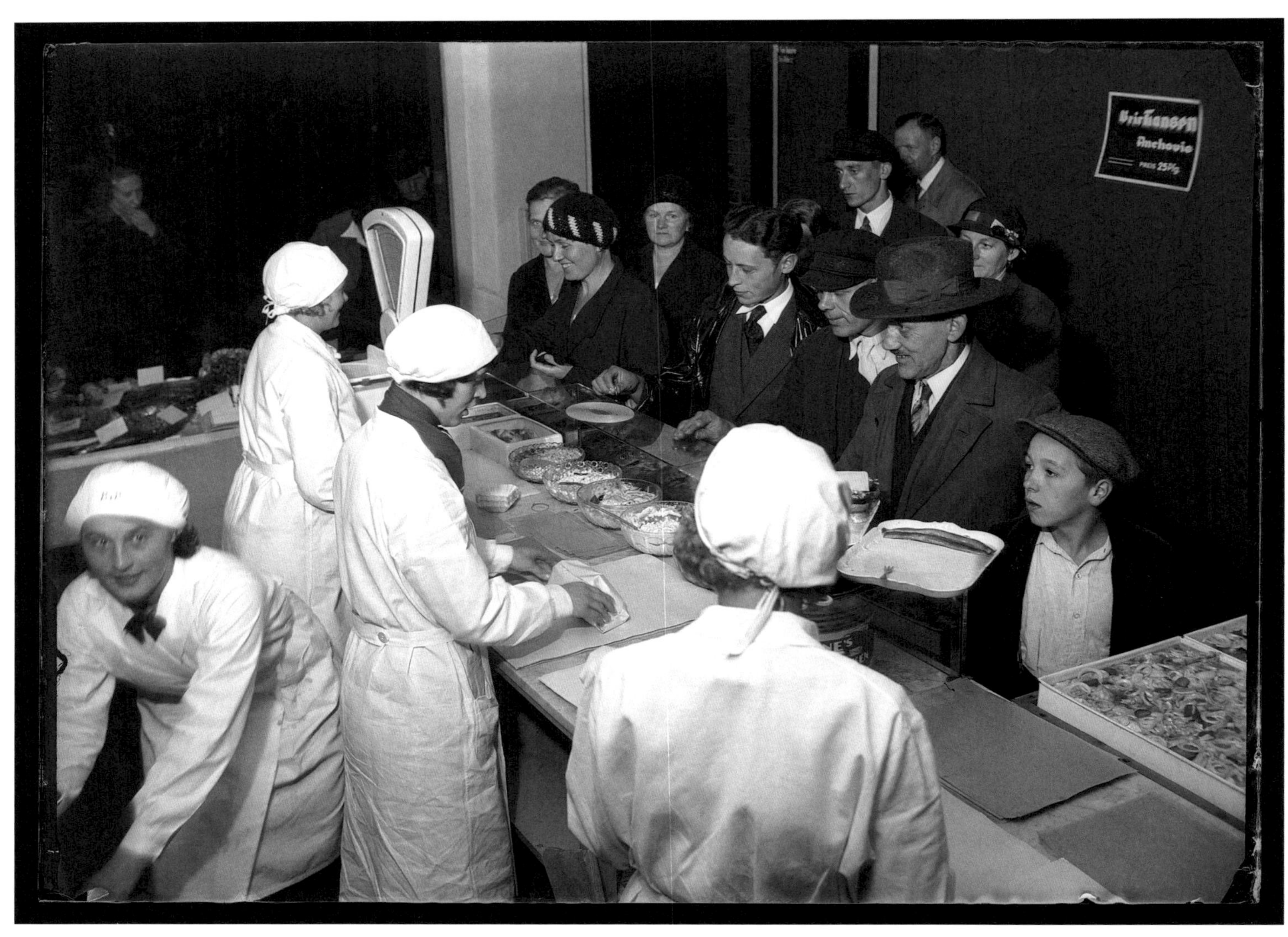

Verkäuferinnen und Kundschaft am Tresen

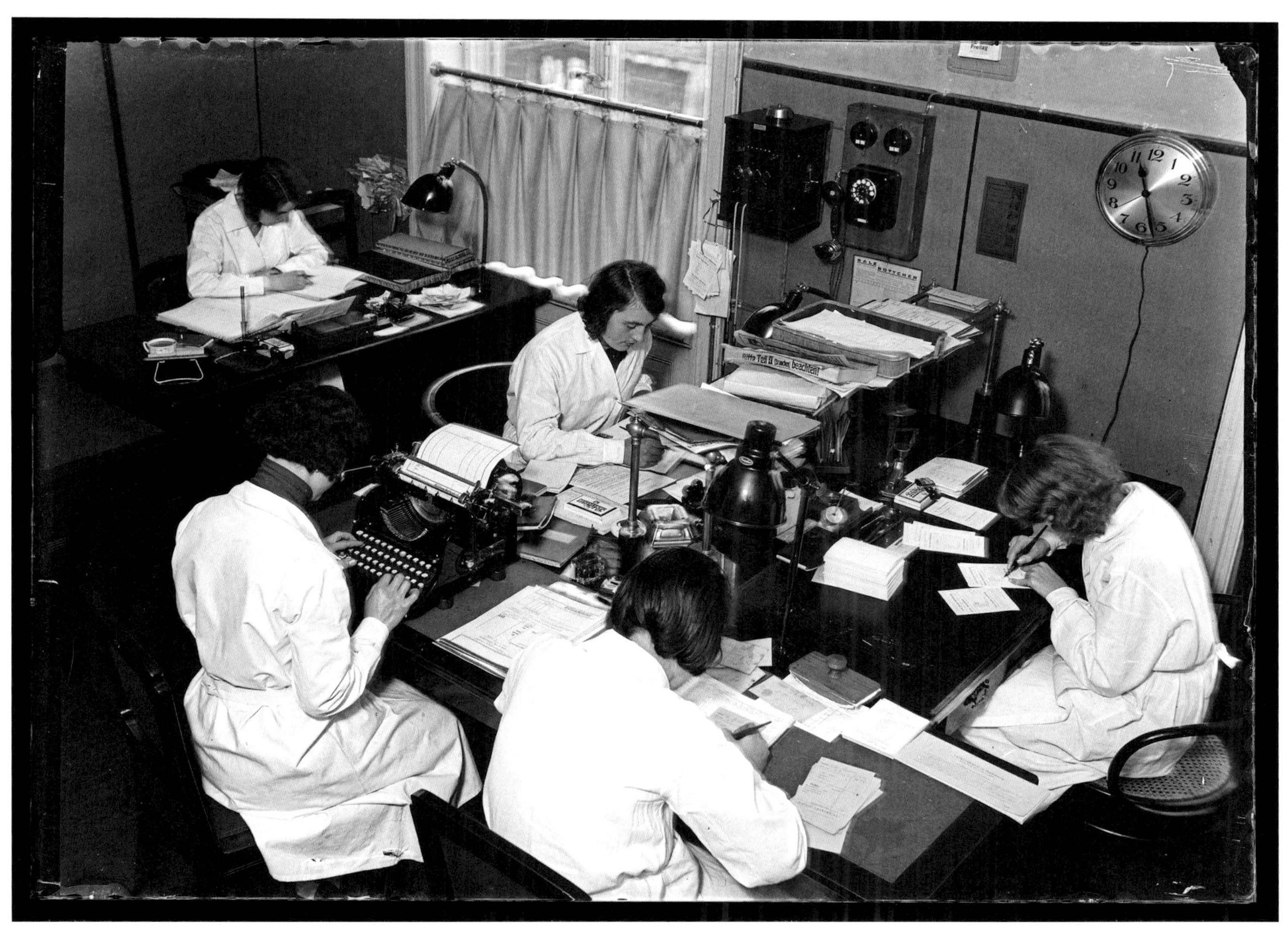

Kontor der Fischverarbeitung

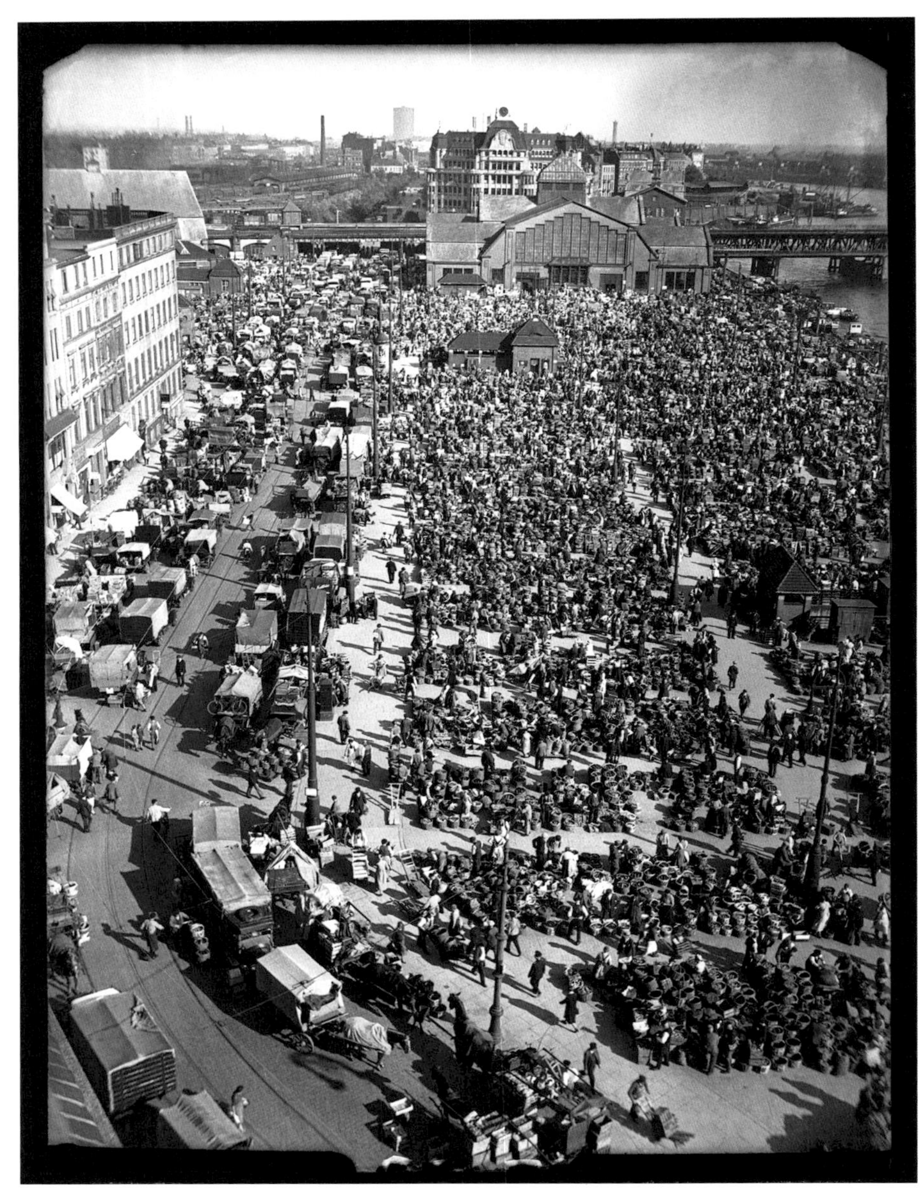

Hamburger Gemüsemarkt vor den Deichtorhallen, um 1932

Fotografie und Fotosynthese

Vier Kilometer vom Fischmarkt entfernt lag der Deichtormarkt. Hier hatte Fide als Kind aus den Resten Kartoffeln, Wurzeln und Äpfel gesammelt. Jetzt suchte er Motive. Die Bauern aus den Vierlanden und dem Alten Land schipperten ihr Gemüse über die Elbe zum Markt südlich der Deichtorhallen. Auf Schuten und Kähnen stapelten sie flache Gemüsekisten, rechteckige Spankörbe und runde Weidenkörbe voller Früchte, Kraut und Wurzeln. Leere Körbe wurden auf die Schuten zurückgeworfen.

Das häufigste Transportmittel waren zweirädrige Karren, die mannshoch bepackt wurden. Ein ehrgeiziger Jungspund in Schaftstiefeln lud Körbe und Fässer auf das Schubgestell der Sackkarre und schob sie mit der kürzeren Ladefläche. Mit Dusel fing Fide einen anderen Karrenschieber ein, bei dem das Gleichgewicht der Ladung soeben kippte und die Körbe purzelten. Für den Fotografen ein geglückter Moment, über den der Karrenschieber gleichmütig lächelte. Am Straßenrand machte Fide Bilder, die ihn zurück in seine Jugend katapultierten. Eine Handvoll Kinder und eine weißhaarige Frau knieten auf der Straße und wühlten in einem Spankorb mit alten Äpfeln.

Die Marktfrauen mit dunklen Kopftüchern, in bodenlangen Röcken, langärmeligen Blusen mit dicht gesetzten Knöpfen standen wie Felsen in der Brandung. Fide traute sich ran und machte Porträts. Einige Frauen lächelten, andere blinzelten in die Ferne. Was wollte der lütte Mann mit seinem Apparat von ihnen? Zwischen Kartoffelsäcken und Gurken fotografierte er die Frauen wie Ikonen. Nach den Nahaufnahmen suchte er den weiten Blick. Er kletterte acht Stockwerke hoch auf den Boden eines Prachthauses aus der Gründerzeit. Jetzt hatte er es unter sich, das Gewimmel der Beschicker, Händler, Marktfrauen, Käufer und Kinder. Mit dem Öffnen und Schließen der Blende, die die Engländer „stop“ nennen, hielt Fide den Lauf der Zeit an.

85 Jahre später betrachtete ich das Wimmelbild. Heute hält es kaum einer für möglich, was hier Wirklichkeit war: eine Welt ohne Plastik. Inzwischen ist der Gemüsemarkt in den Stadtteil Hammerbrook umgezogen. Die Deichtorhallen stehen noch. Der Fotograf F. C. Gundlach gründete hier im Jahr 2003 das „Haus der Photographie“. Die Vorgeschichte des Geländes als Ort des Gemüsehandels war ein gutes Omen. Pflanzen sind Lebewesen, die Licht in Nahrung verwandeln. So ähnlich arbeitet auch der professionelle Fotograf, der seinen Lebensunterhalt mit der Gestaltung von Lichtbildern verdient.

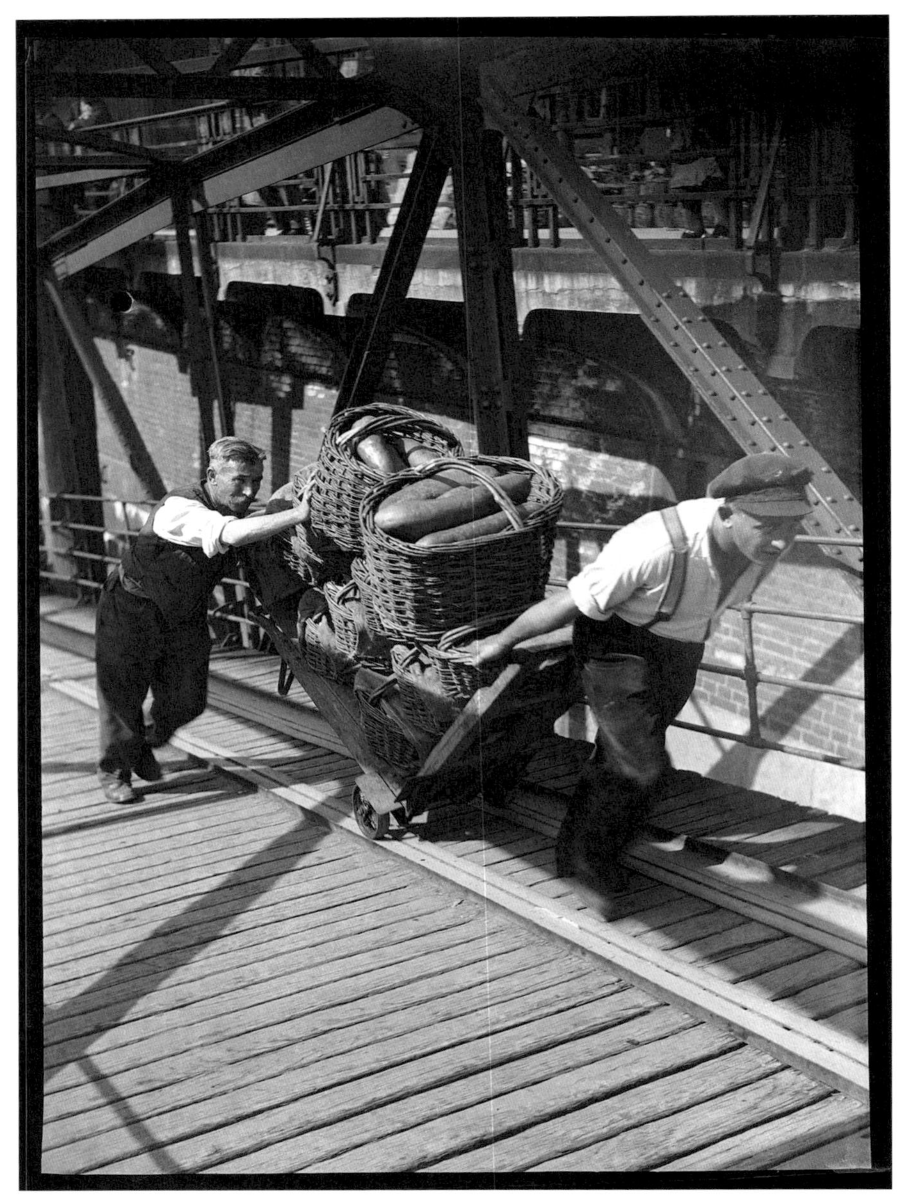

Transportarbeiter mit Karre auf Schienen

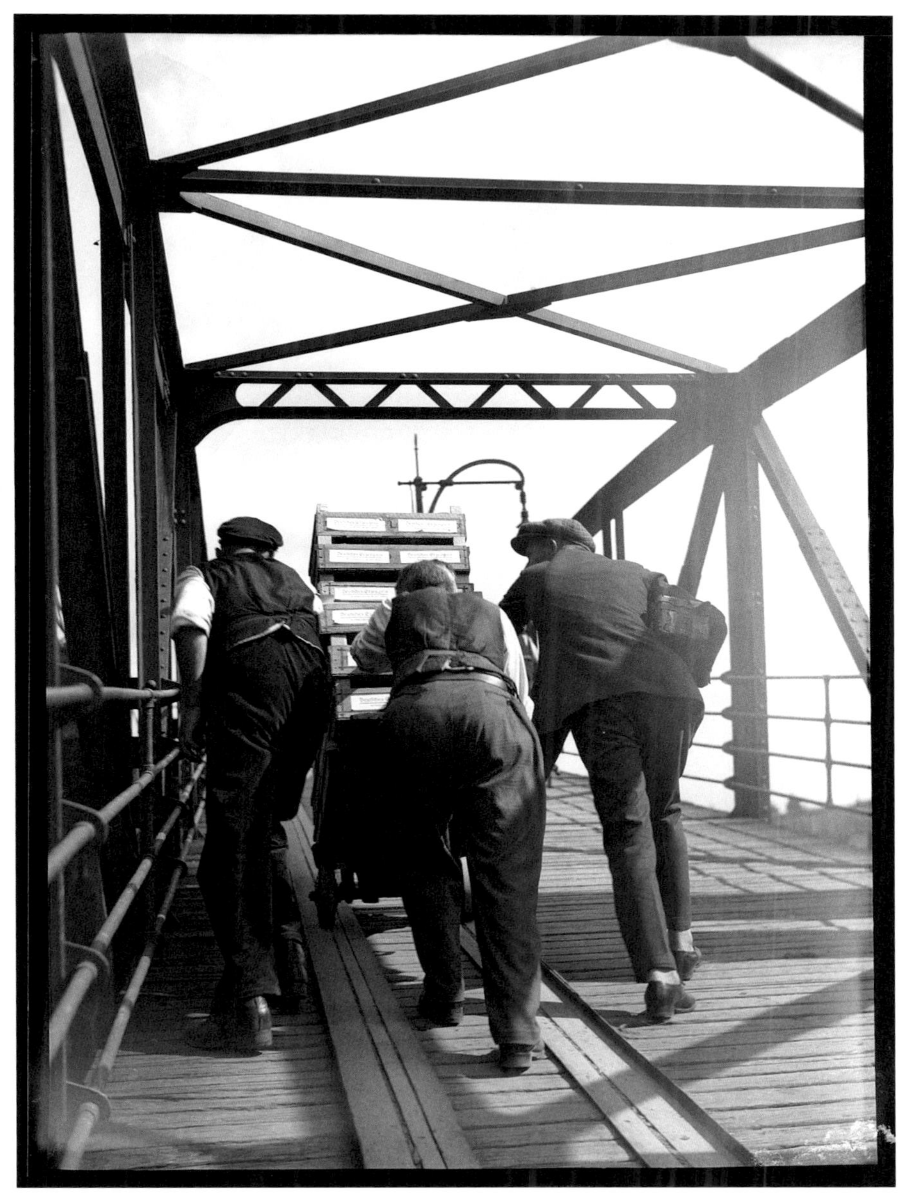

Transportarbeiter schieben Ware vom Bootsanleger auf den Markt

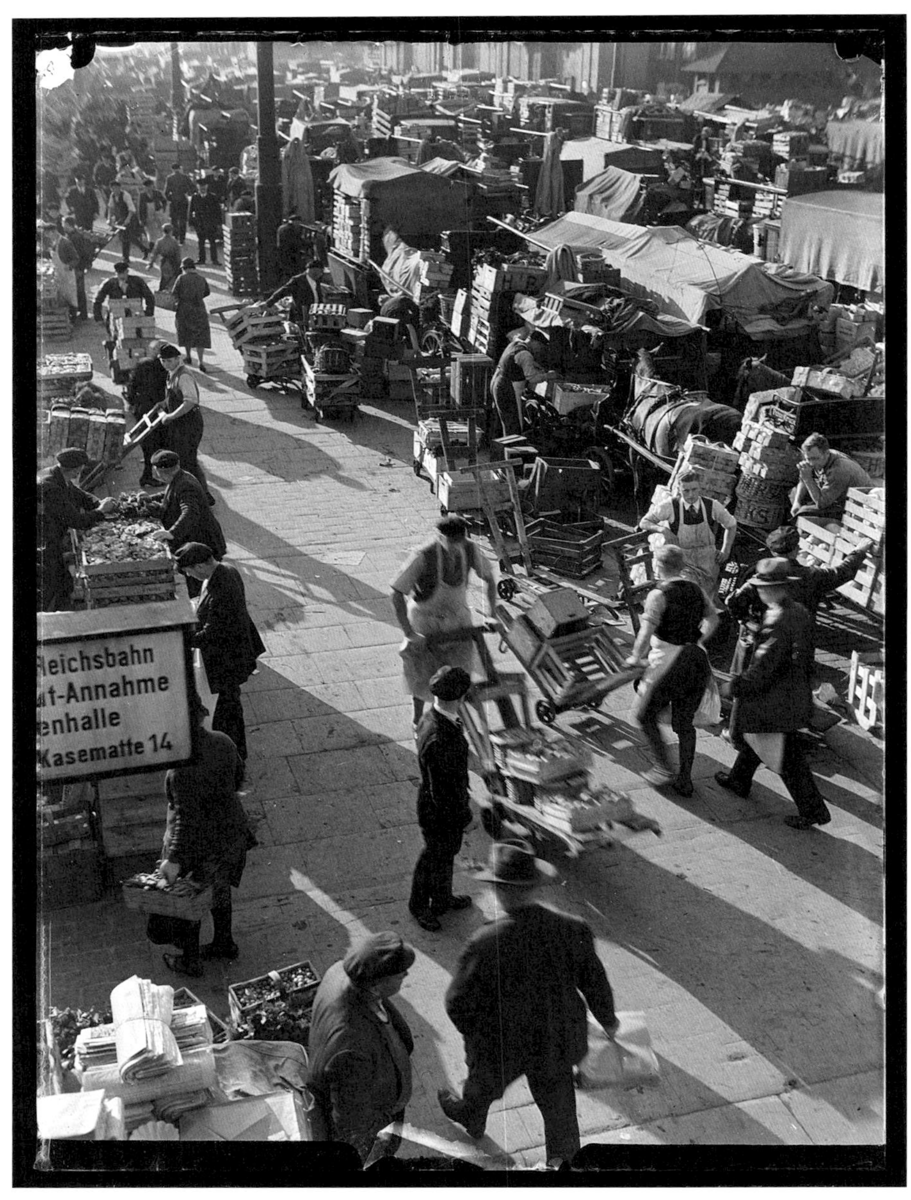

Marktgetümmel

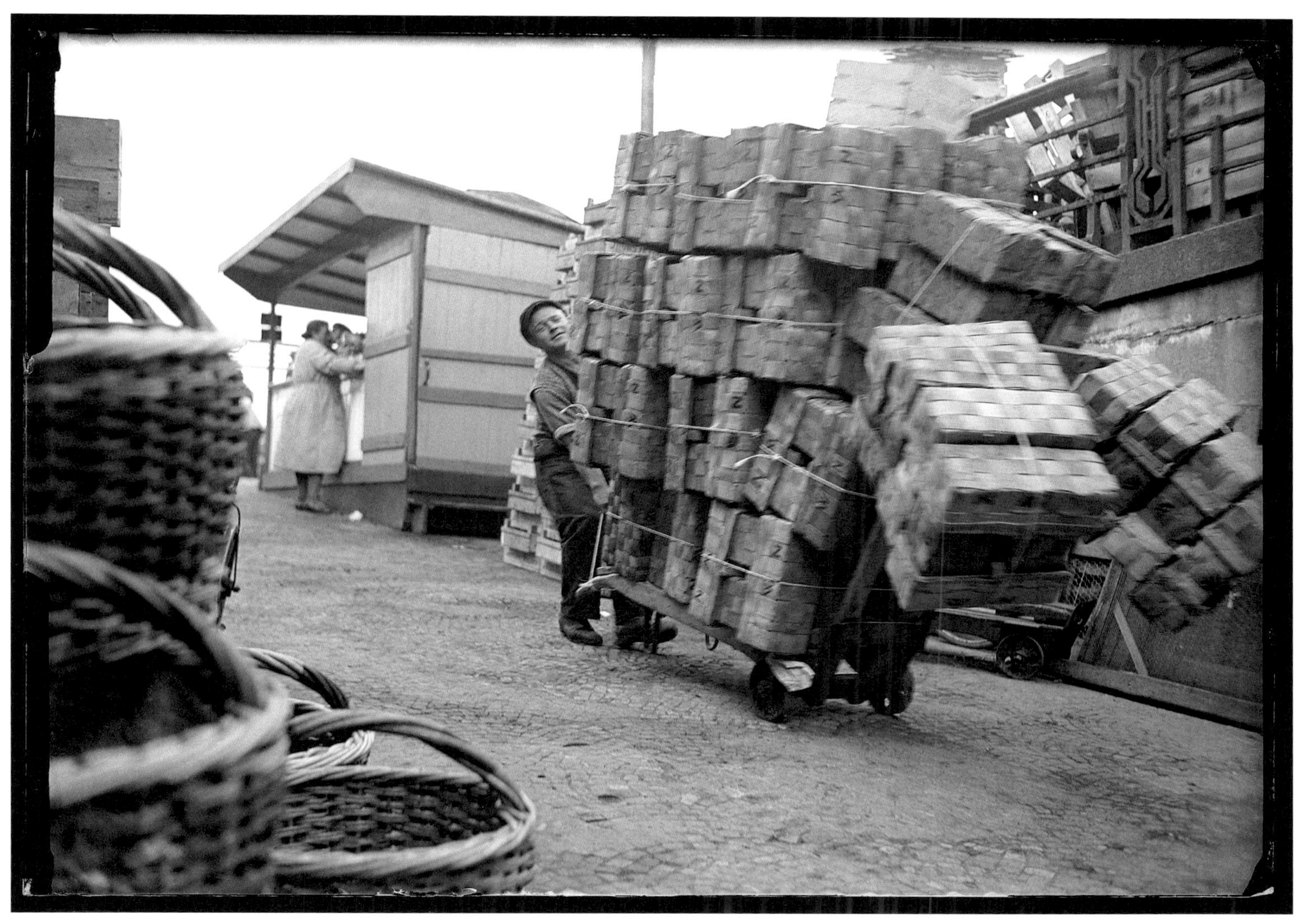

Transportarbeiter mit vollbeladener Karre, von der Körbe fallen

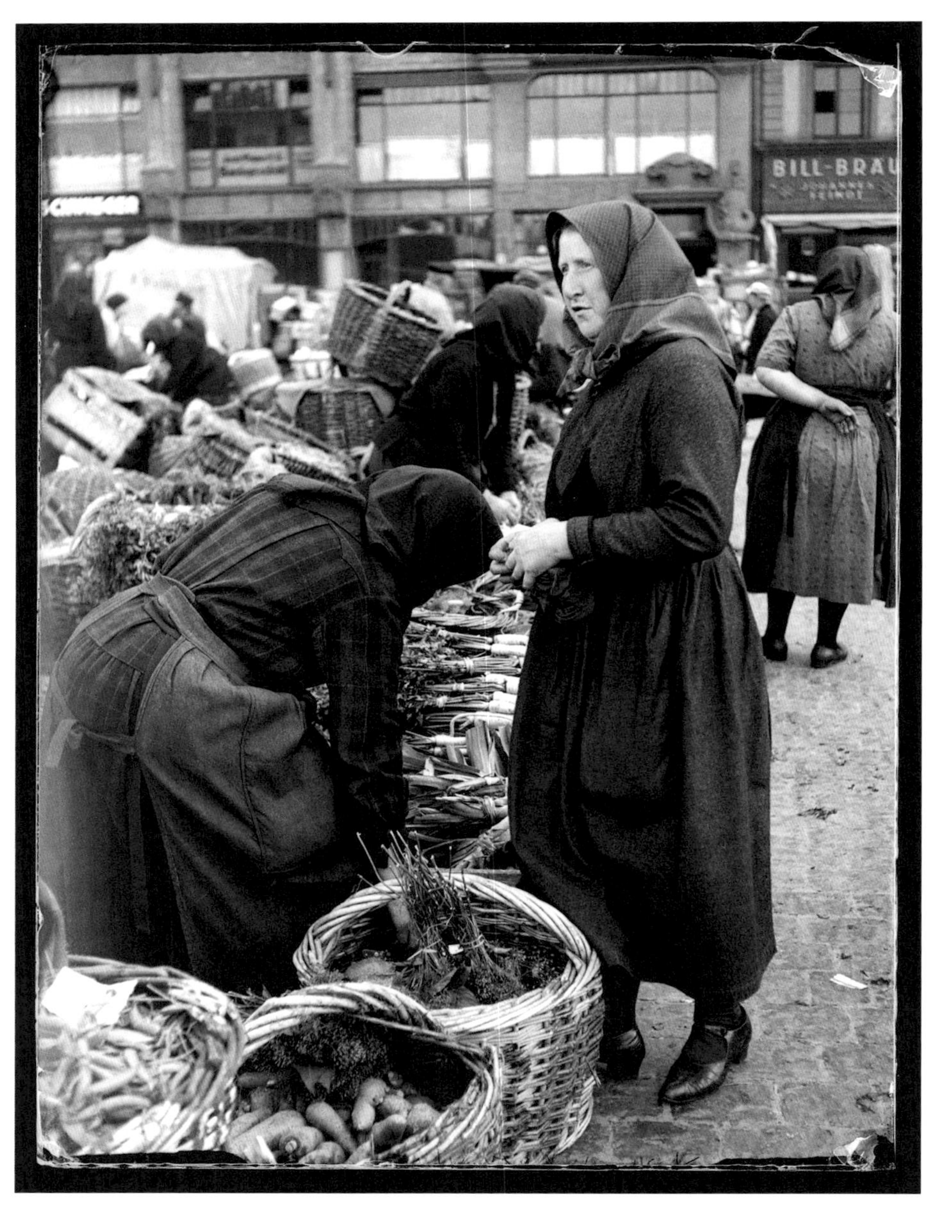

Zwei Marktfrauen am Stand

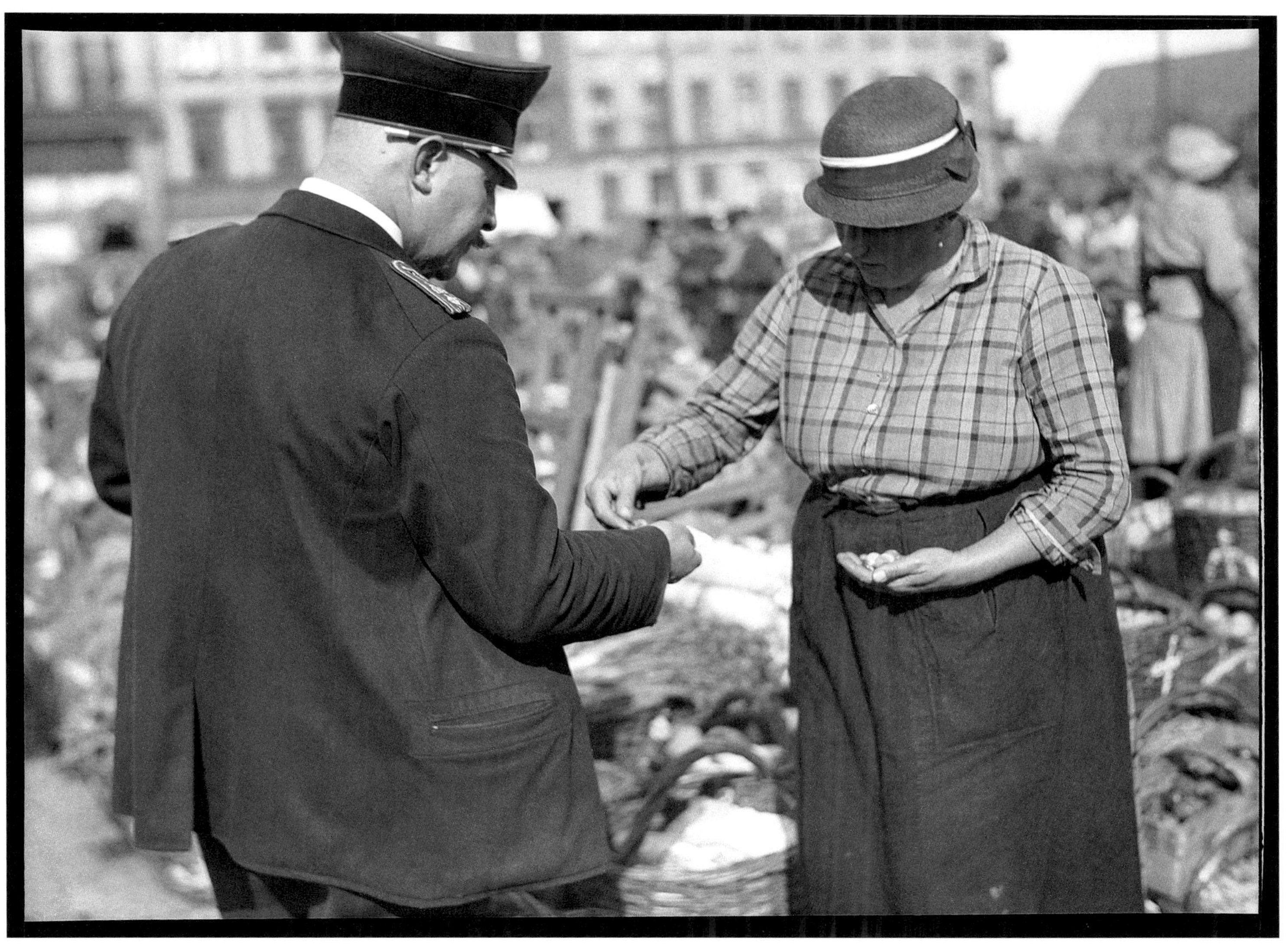

Marktinspektor

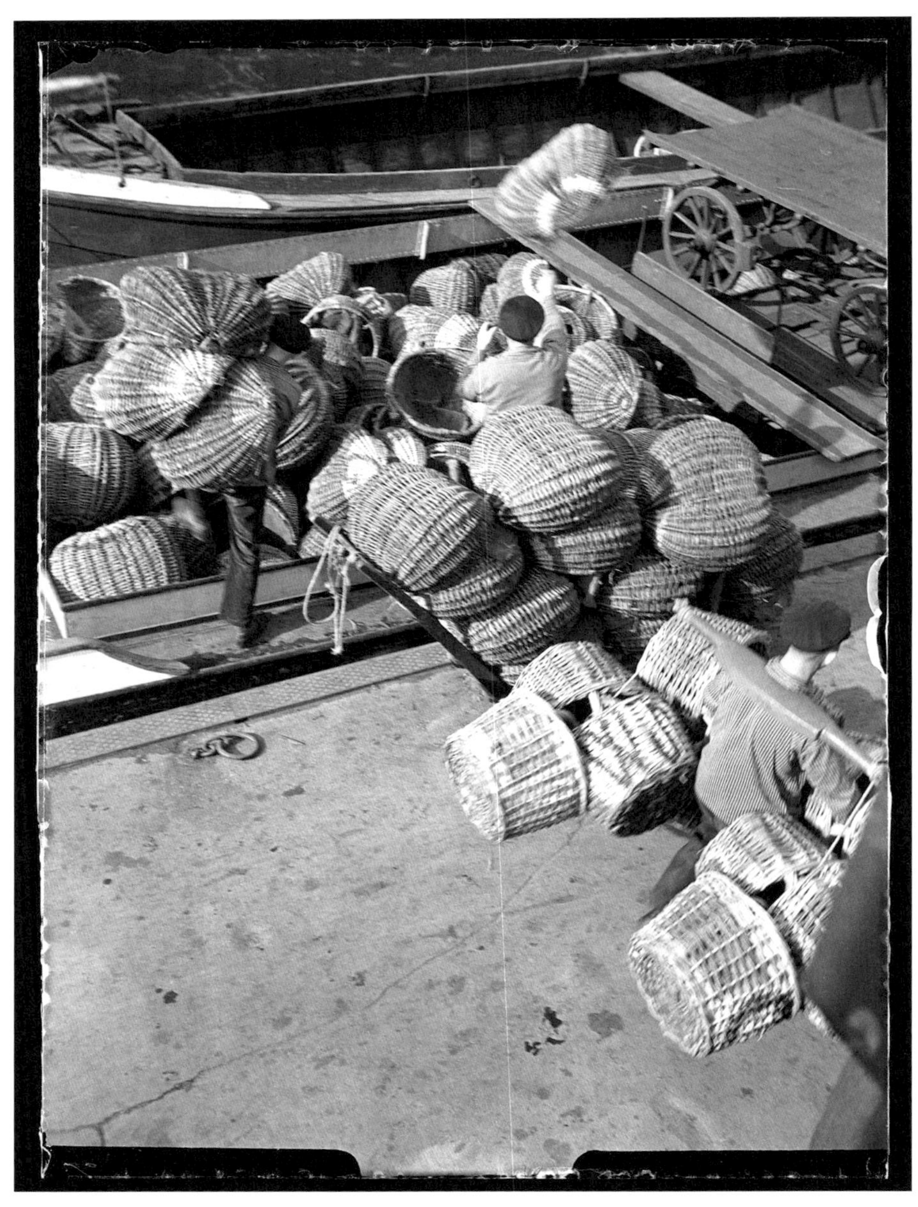

Weidenkörbe für den Warentransport

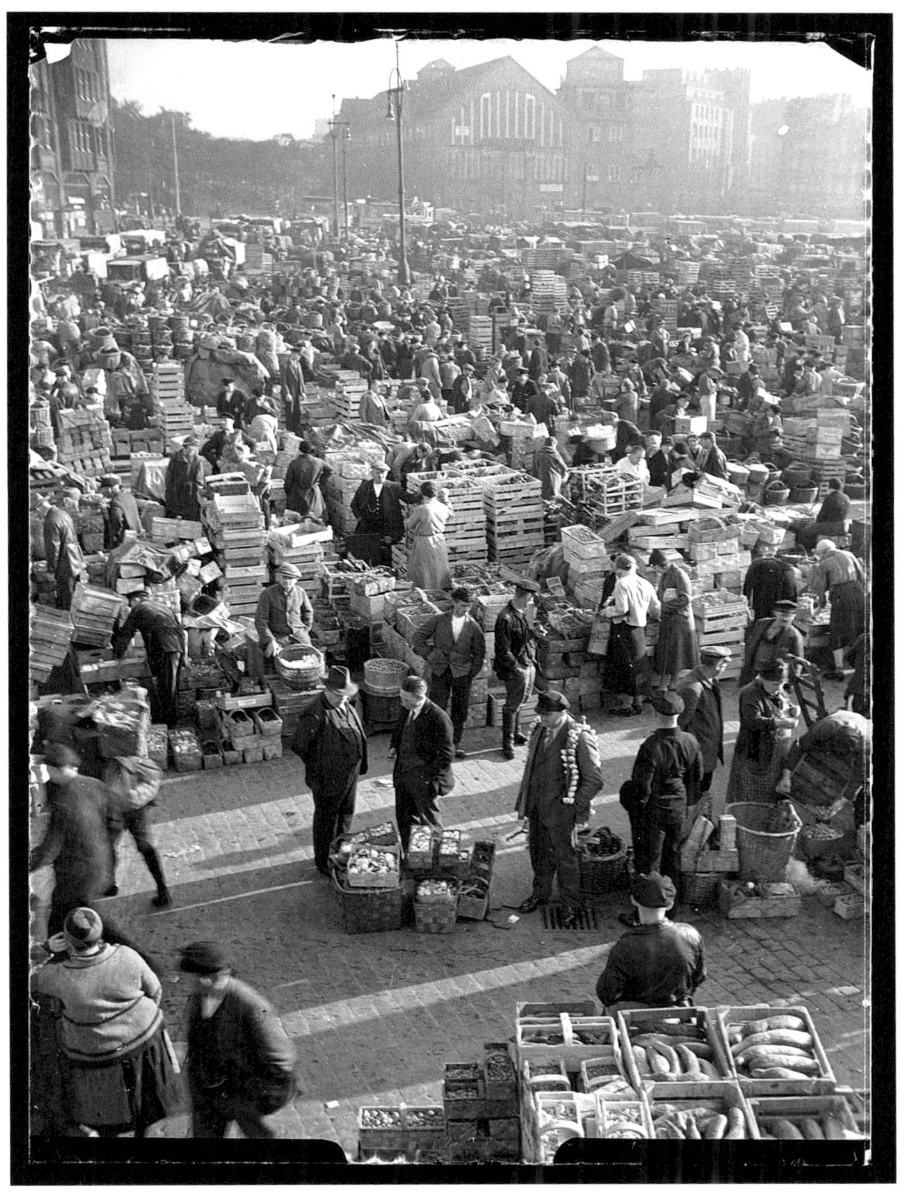

Marktgetümmel

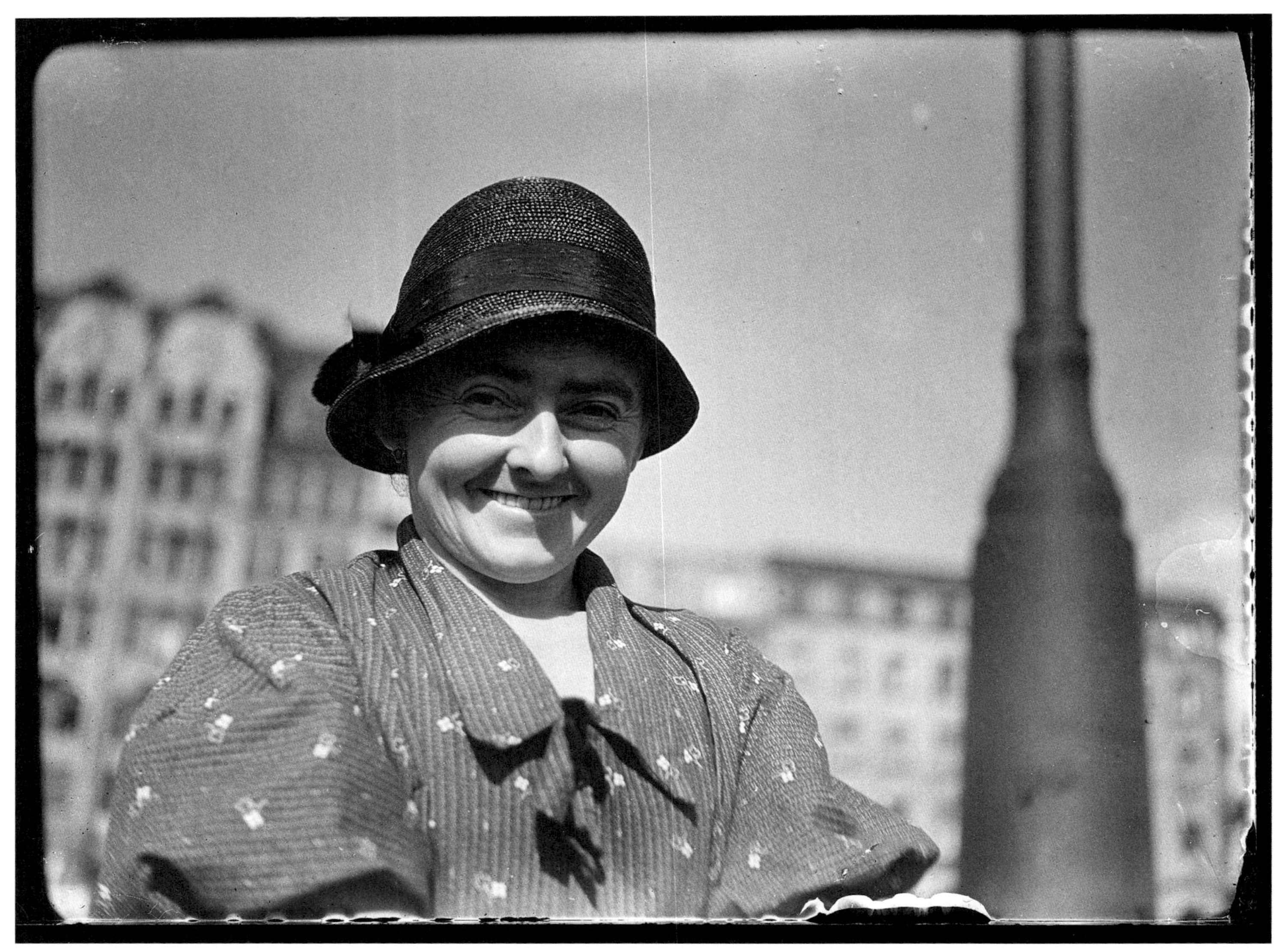

Marktfrau

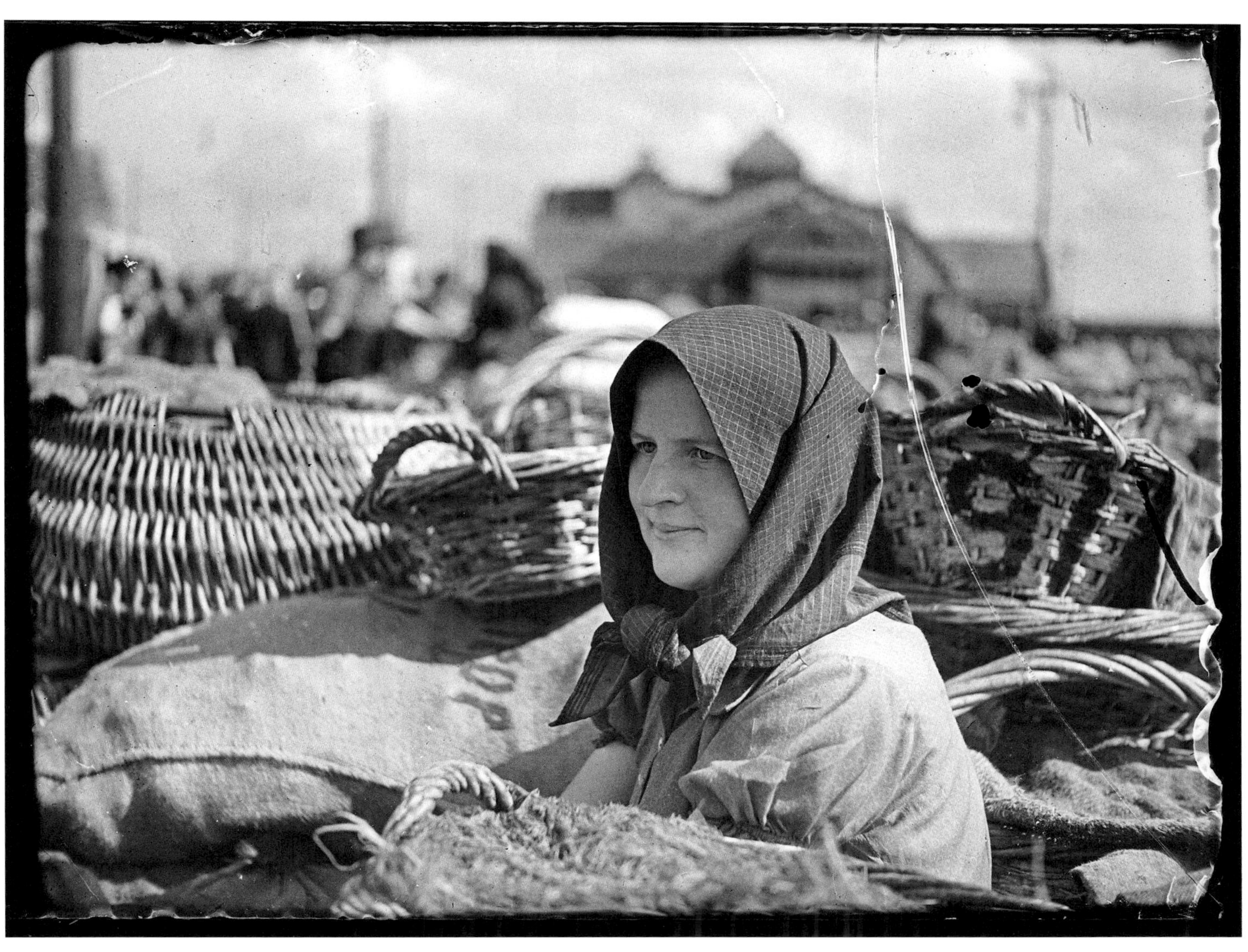

Marktfrau, im Hintergrund die Deichtorhallen, heute Haus der Photographie

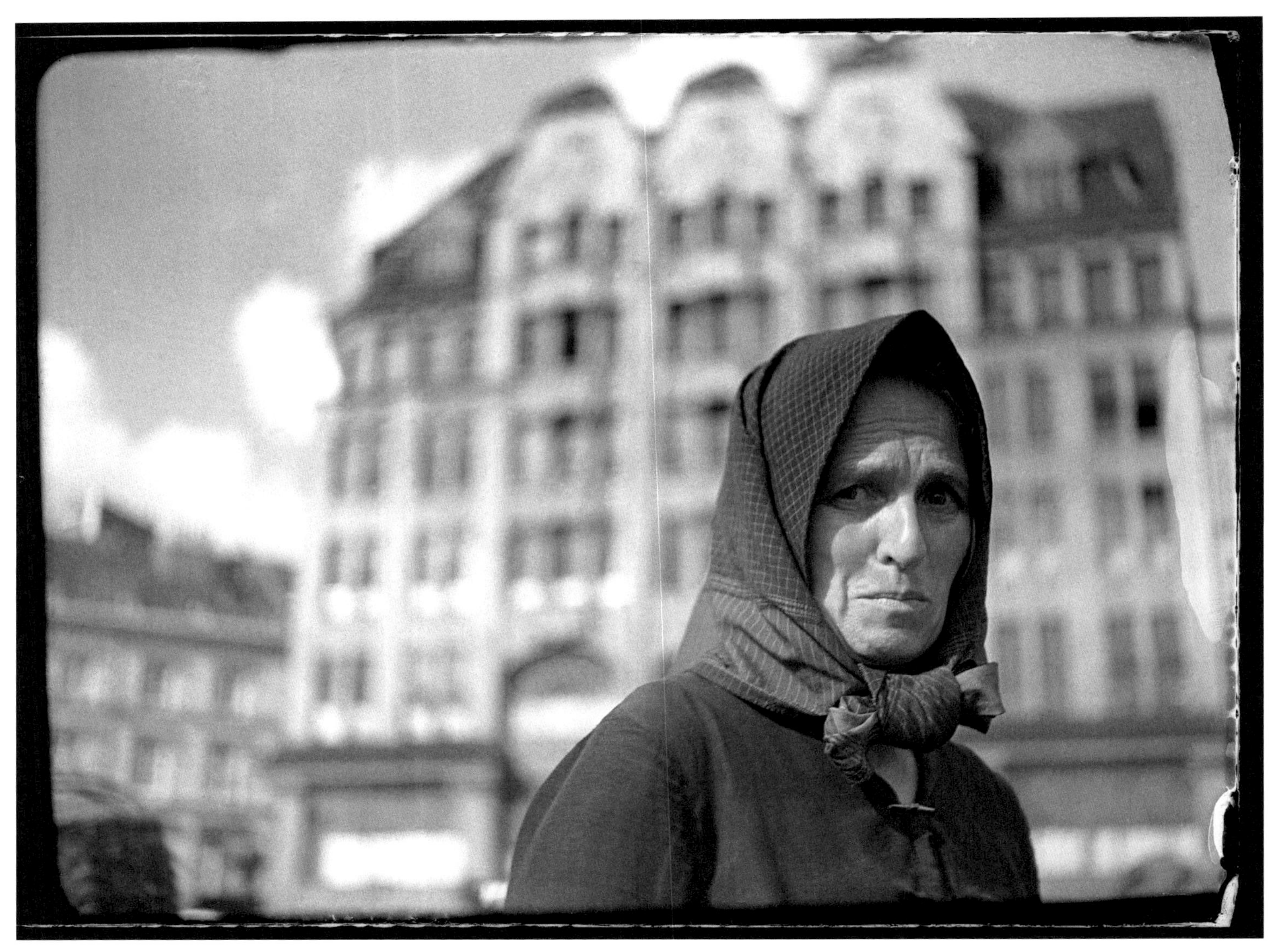

Marktfrau

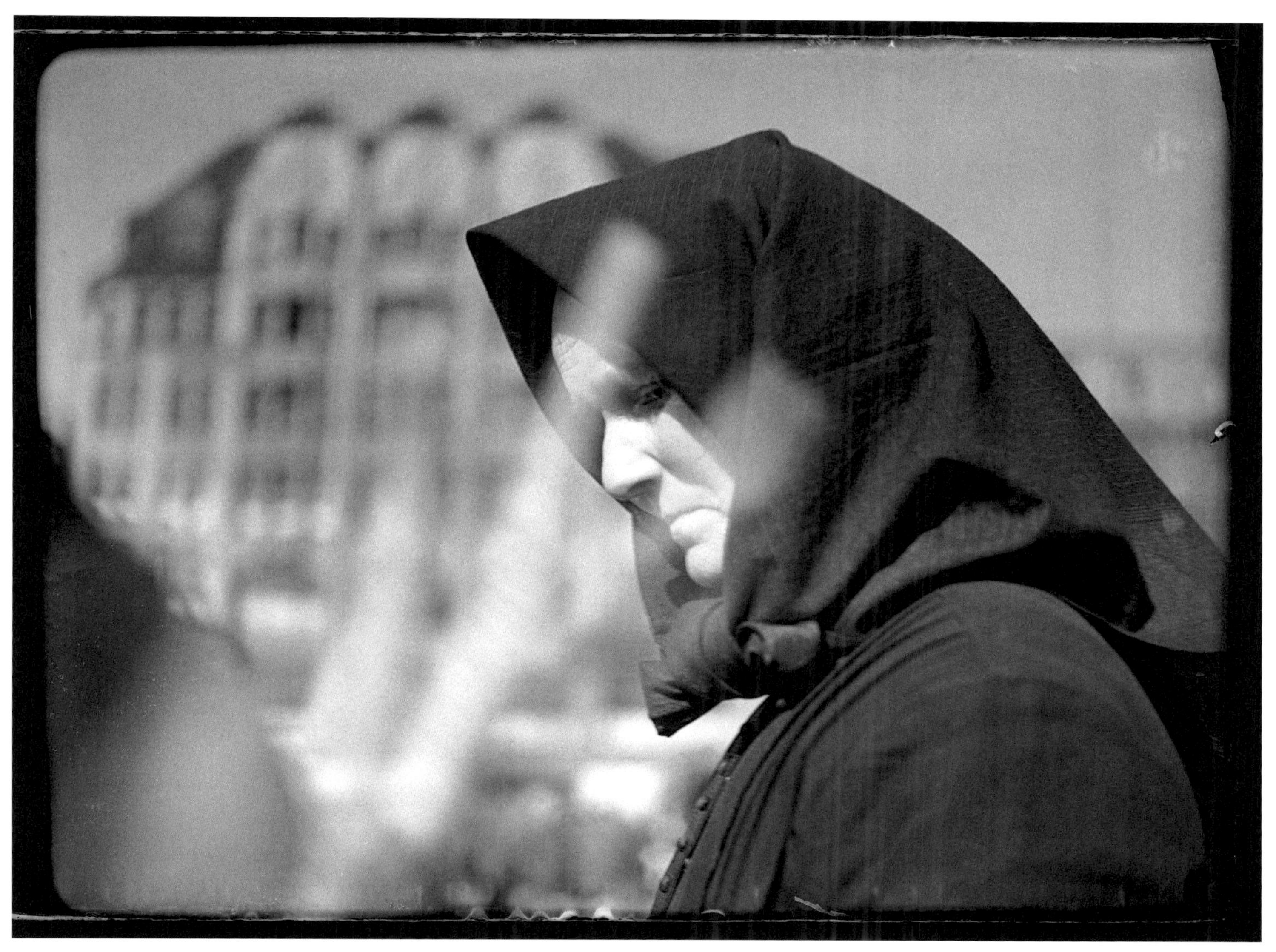

Marktfrau

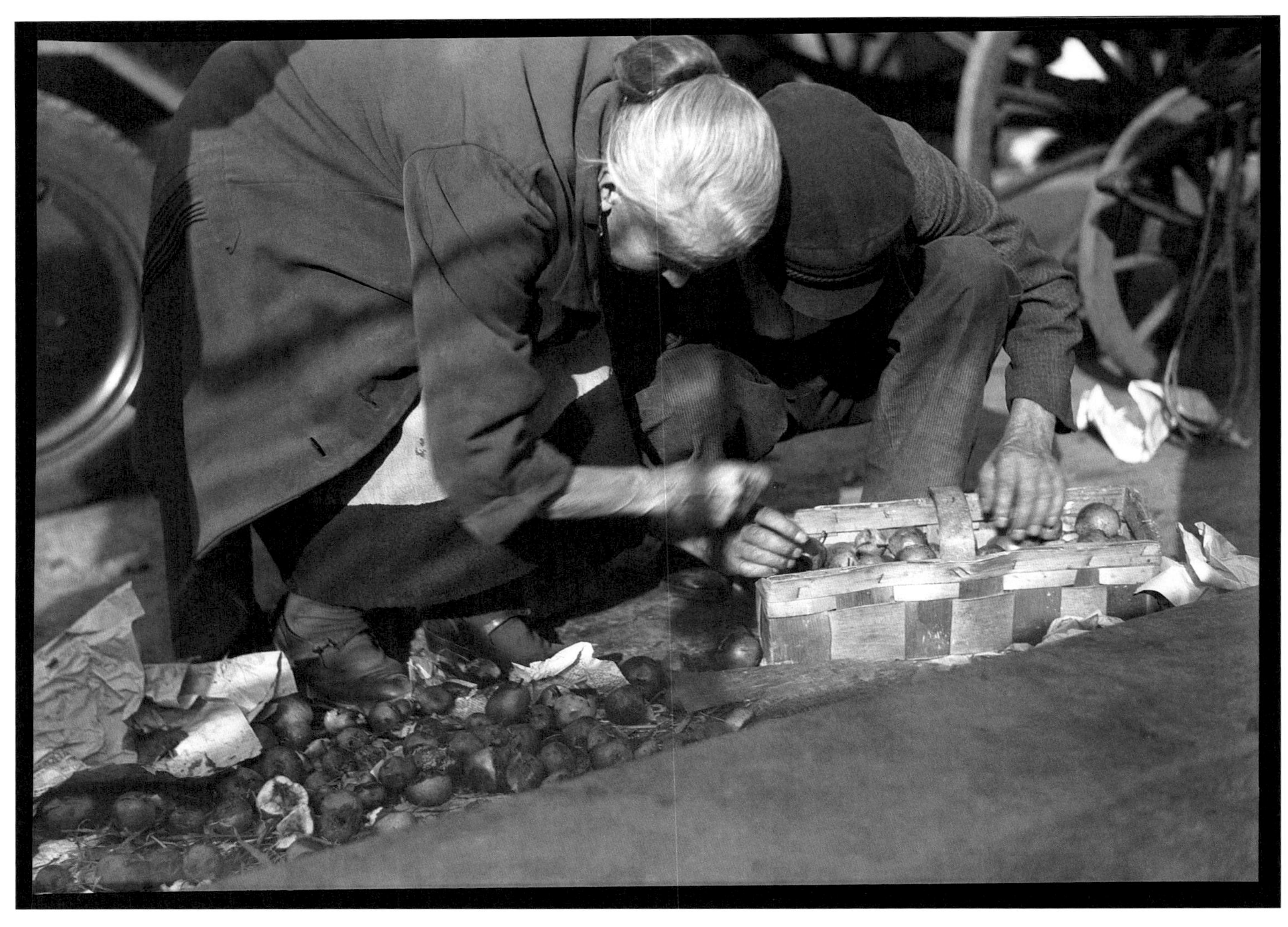

Mann und Frau wühlen in den Resten am Boden

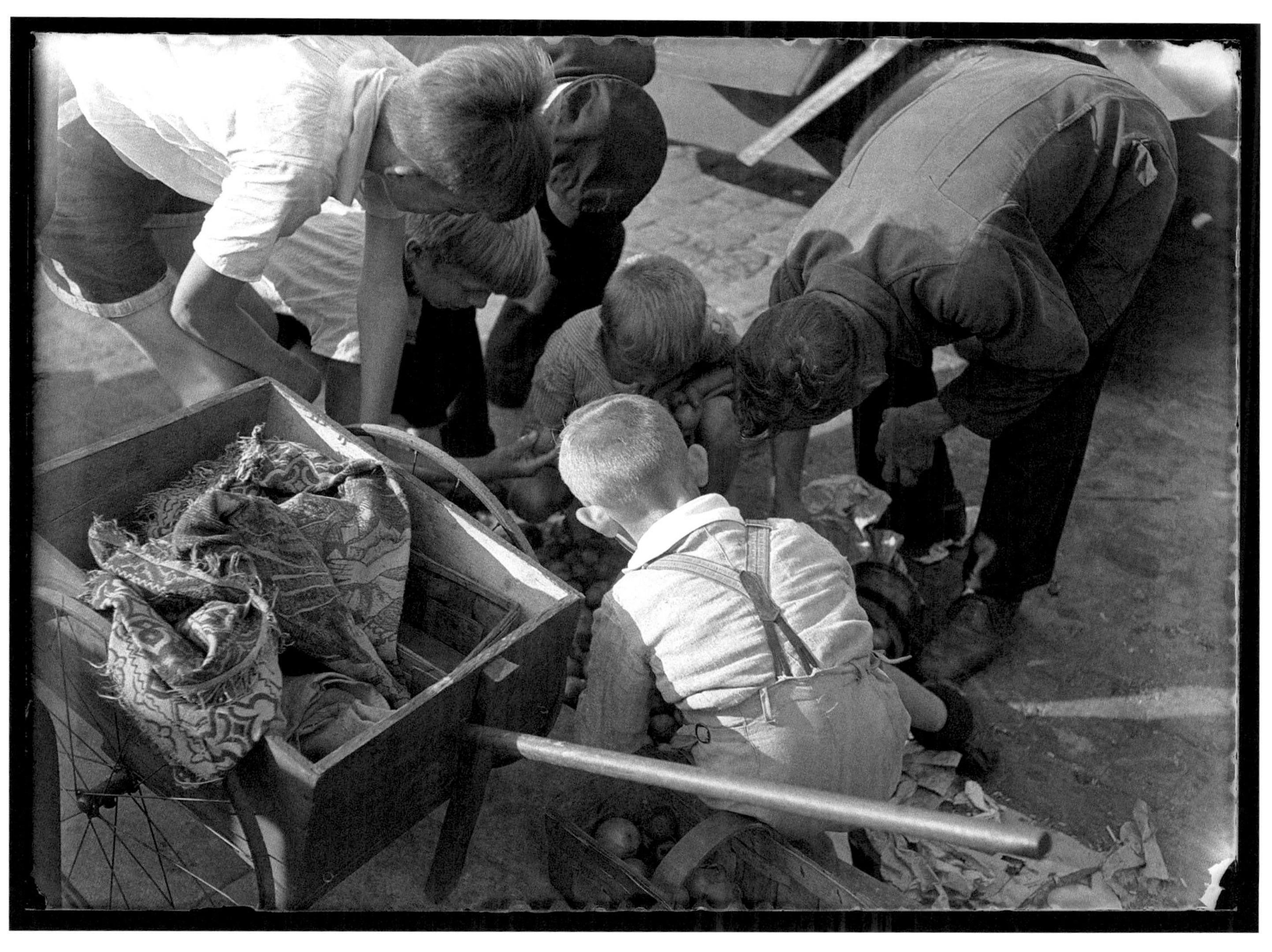

Resteverwertung

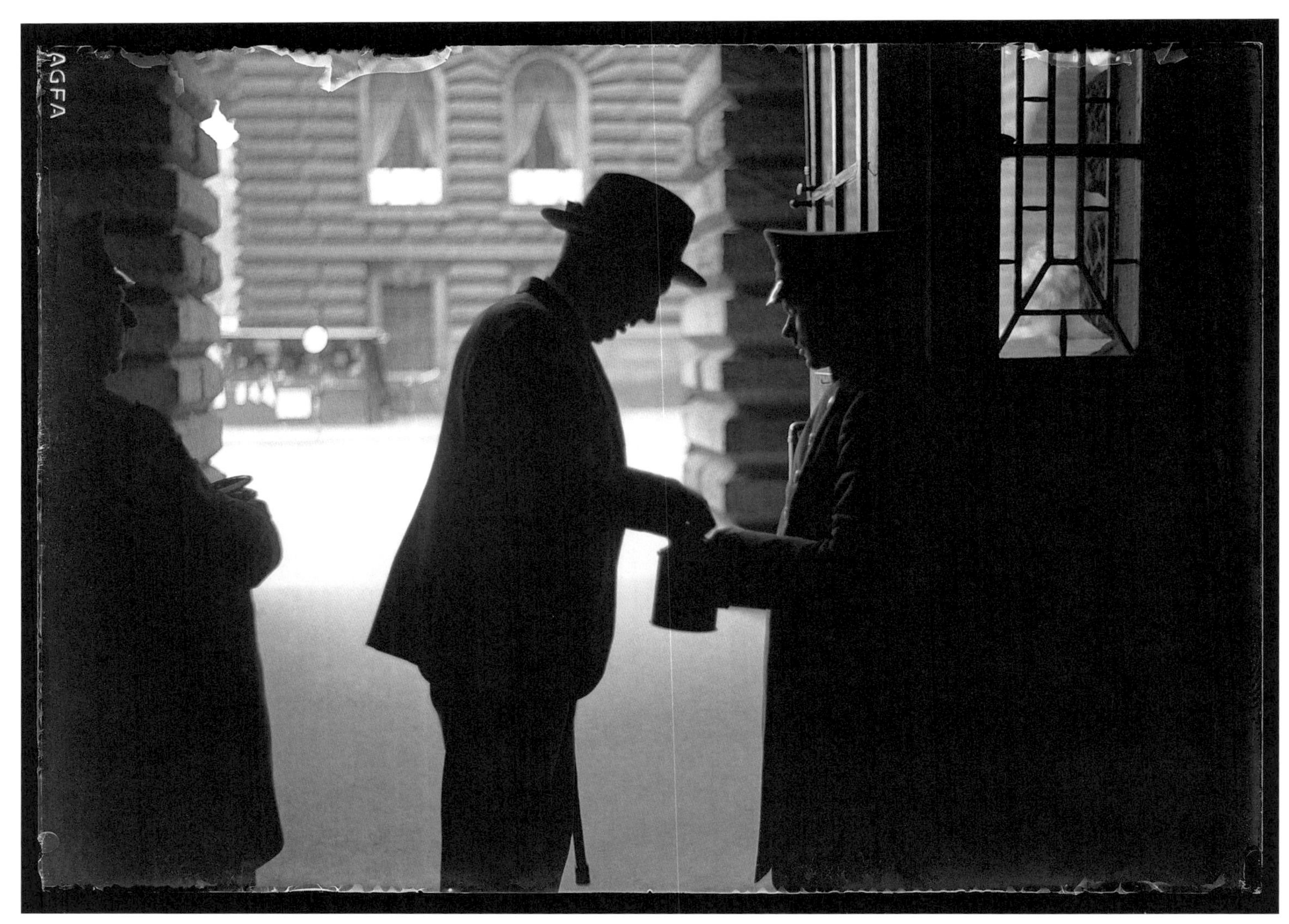

Hamburger Börse, Eingang, August 1933

Die neue Macht

Fide hatte immer darauf gehofft, dass die *Arbeiter-Illustrierte-Zeitung (AIZ)*, in deren Redaktion auch Else Großmann arbeitete, seine Bildberichte einmal kaufen würde. Doch der Chefredakteur Willi Münzenberg war nach Prag geflohen, um im Exil die Zeitung weiter zu produzieren, die illegal im „Dritten Reich" vertrieben werden sollte. Für Fide kam ein Umzug nach Prag nicht in Frage, denn erstens war er nicht unmittelbar bedroht und zweitens hatte er Familie.

Außerdem gab es einen Lichtblick. Die Druckerei, in der die *AIZ* bislang erschienen war, plante eine neue Arbeiterzeitung. Sie hieß *Arbeit in Bild und Zeit (ABZ)* und erschien im Juli 1933 zum ersten Mal. Sie hatte das gleiche Format wie die *AIZ*, das gleiche Layout, zeigte keine Hakenkreuze und berichtete über Arbeiterthemen.

Im August 1933 saß Fide im D-Zug nach Hamburg. Im Abteil fand er das *Hamburger Tageblatt* und las, dass das Heine-Denkmal im dortigen Stadtpark auf Beschluss des Senats entfernt werden wird. „Es wird damit dem Empfinden Rechnung getragen, dass diesem volksfremden Literaten kein Ehrenplatz im nationalsozialistischen Deutschland mehr gebührt."[1] Während die Rauchwolken der Lokomotive am Zugfenster vorbeizogen, erinnerte sich Fide an die Bücherverbrennungen im Mai.

Vom Hauptbahnhof lief er durch die Mönckebergstraße. Vor Karstadt lümmelten ein paar SA-Männer, aber der Konzern sollte angeblich nicht jüdisch sein. Die Börse lag in der Verlängerung der Mönckebergstraße hinter dem Rathaus. Aus einem Gebäude irgendwo gegenüber fand Fide einen günstigen Blick auf die Kreuzung vor dem klassizistischen Gebäude der Börse. Er hatte sich noch oberhalb der Verkehrsampel platziert, die im Mittagslicht einen deutlichen Schatten auf den Asphalt warf. Eine Straßenbahn hielt, der Lastkraftwagen einer Essigfirma fuhr los. Männer mit Hüten in hellgrauen Sommeranzügen eilten zum Haupteingang der Börse auf dem Adolphsplatz. Auf dem Parkplatz standen ein Rolls-Royce-Coupé und andere Limousinen.

Am Eingang klapperte ein penetranter Nazi mit einer Sammelbüchse. Ein Börsianer mit Homburg auf dem Kopf steckte Groschen in die Spendendose und finanzierte damit seinen Untergang. Drinnen blickte Fide von der Galerie in einen zwei Stockwerke hohen Saal, erfüllt vom Gesumme angeregter Männerstimmen: Auf dem glänzenden Marmorboden tummelten sich die Arbeiter des Kapitals. Ihre Produkte waren nicht wie bei den Fischern mit Händen zu greifen, sondern unsichtbar.

Nur Ziffern auf Zetteln und Tafeln, Zurufe und Handzeichen zeugten vom Handel.

Auf einer Rundbank thronte ein Mann, so rund wie ein Globus. Um ihn drehten sich die Händler wie Planeten und Kometen. Die Männer schlitterten mit Ledersohlen über den Marmorboden wie Eiskunstläufer. Sie wollten Zeit sparen, um Geld zu machen. Mit dem Geld kauften sie dann wieder Geld. Die Geldkatze biss sich in den Schwanz.

Fide kontrollierte die Verschlusszeiten der Blende. Er wollte die Ruhe der Leute, die miteinander redeten, scharf und gleichzeitig das Tempo der Flitzenden mit Unschärfen festhalten. Es war ein Blindflug. Er spekulierte auf gute Bilder wie ein Börsianer auf das Glück.

An der Brüstung kiebitzten zwei junge Paare, die Männer hatten die Ärmel der weißen Hemden hochgekrempelt, die dichten halblangen Haare zurückgekämmt. Zwischen ihnen die Frauen, eine trug einen kegelförmigen Hut mit einem Band schräg umwickelt, die andere eine Kappe mit einem kleinen Propeller auf der Spitze. Belustigt betrachteten sie das Treiben unter sich. Einige Meter weiter beäugte ein Mann in Knickerbockern den Tanz der Männer. Seine Frau in wadenlangem Rock verschränkte die Beine und hielt die Hand an die Wange wie der nachdenkliche Heine auf dem Denkmal, das jetzt entfernt wurde. Die drei jungen Damen waren die einzigen Frauen, denen Fide in der Börse begegnete.

Auf der Treppe folgte er einem eiligen Mann mit Kreissäge auf dem Kurs nach unten zur Warenterminbörse. Dort verhandelten die Händler Auge in Auge, gestikulierten, notierten, stemmten die Fäuste in die Hüften, legten sich die Hände auf die Schultern. Die Makler stiegen vor den Kurstafeln auf Fußbänke und winkten Kollegen zu. Kaum einer bemerkte Fide, keiner stellte sich in Pose. Erst beim Fondsmakler Korsholm wurde er entdeckt – und milde angelächelt. Fide lächelte zufrieden zurück, er hatte alles im Kasten.

1 *Hamburgischer Correspondent*, August 1933, zitiert nach Bernhard Röhl, „Hamburg – Ein Wintermärchen“, in: *Die Tageszeitung*, 28.6.2003

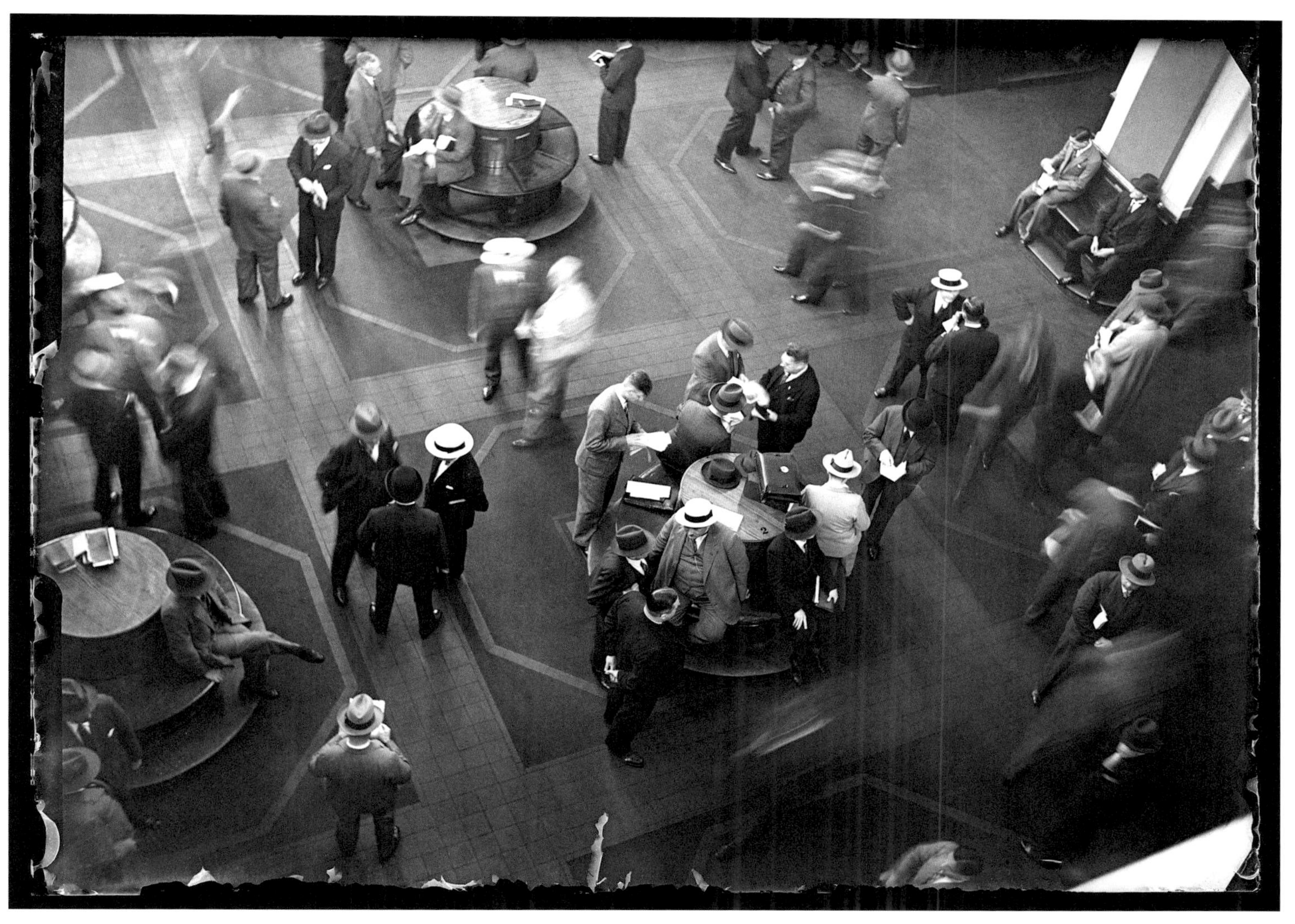

Tanz ums Geld

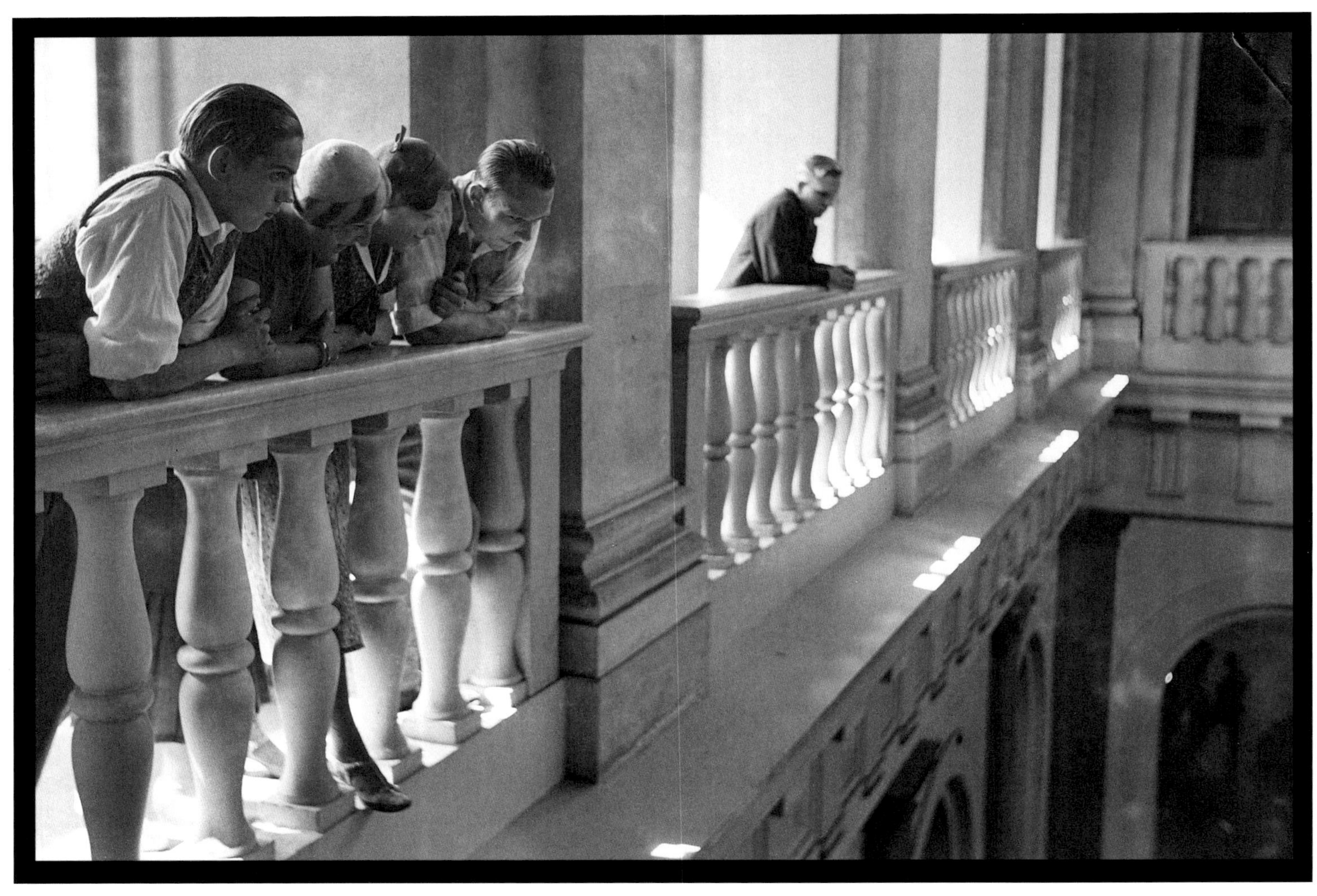

Balkon eines Börsensaals

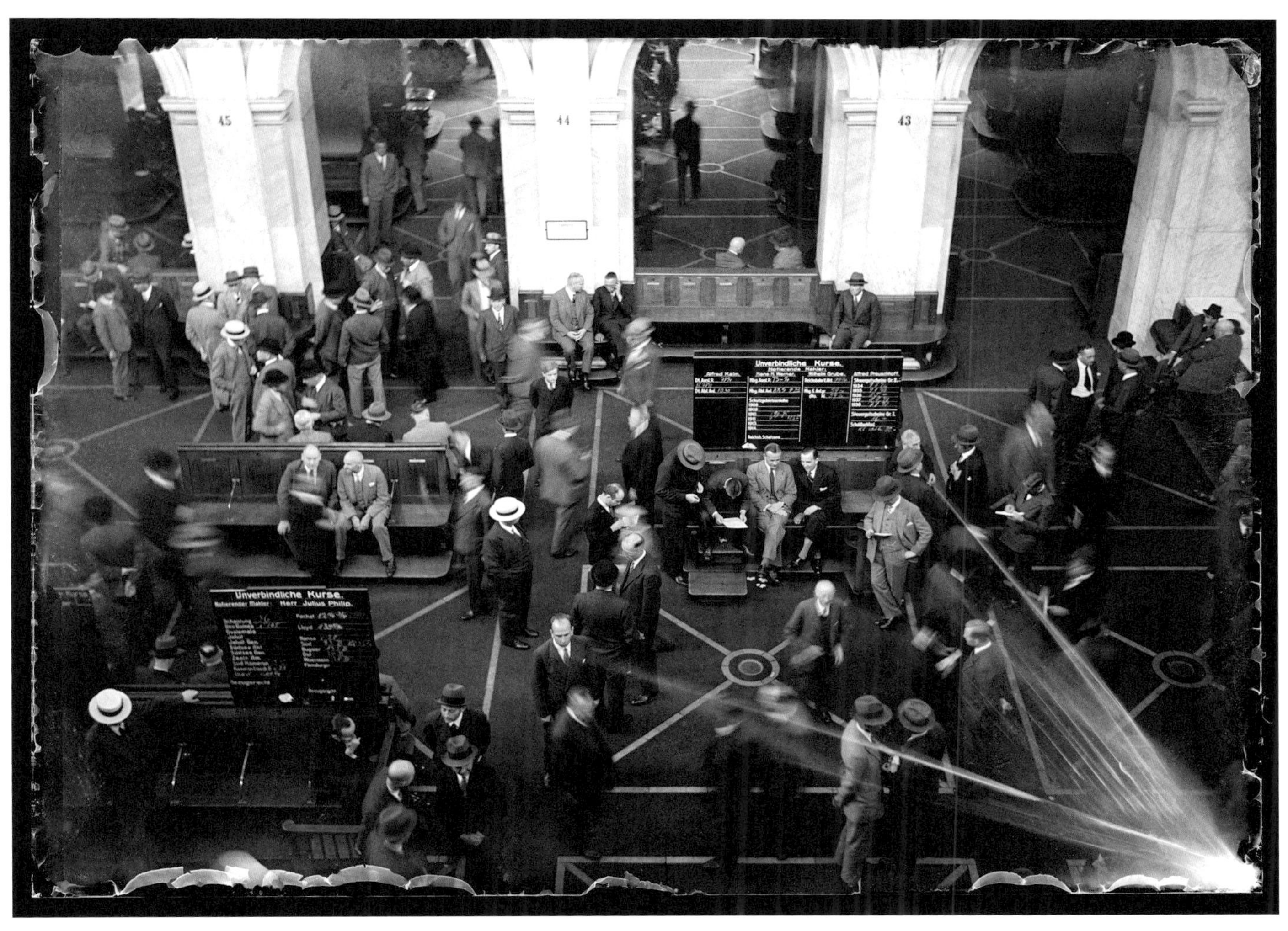

Börsenparkett

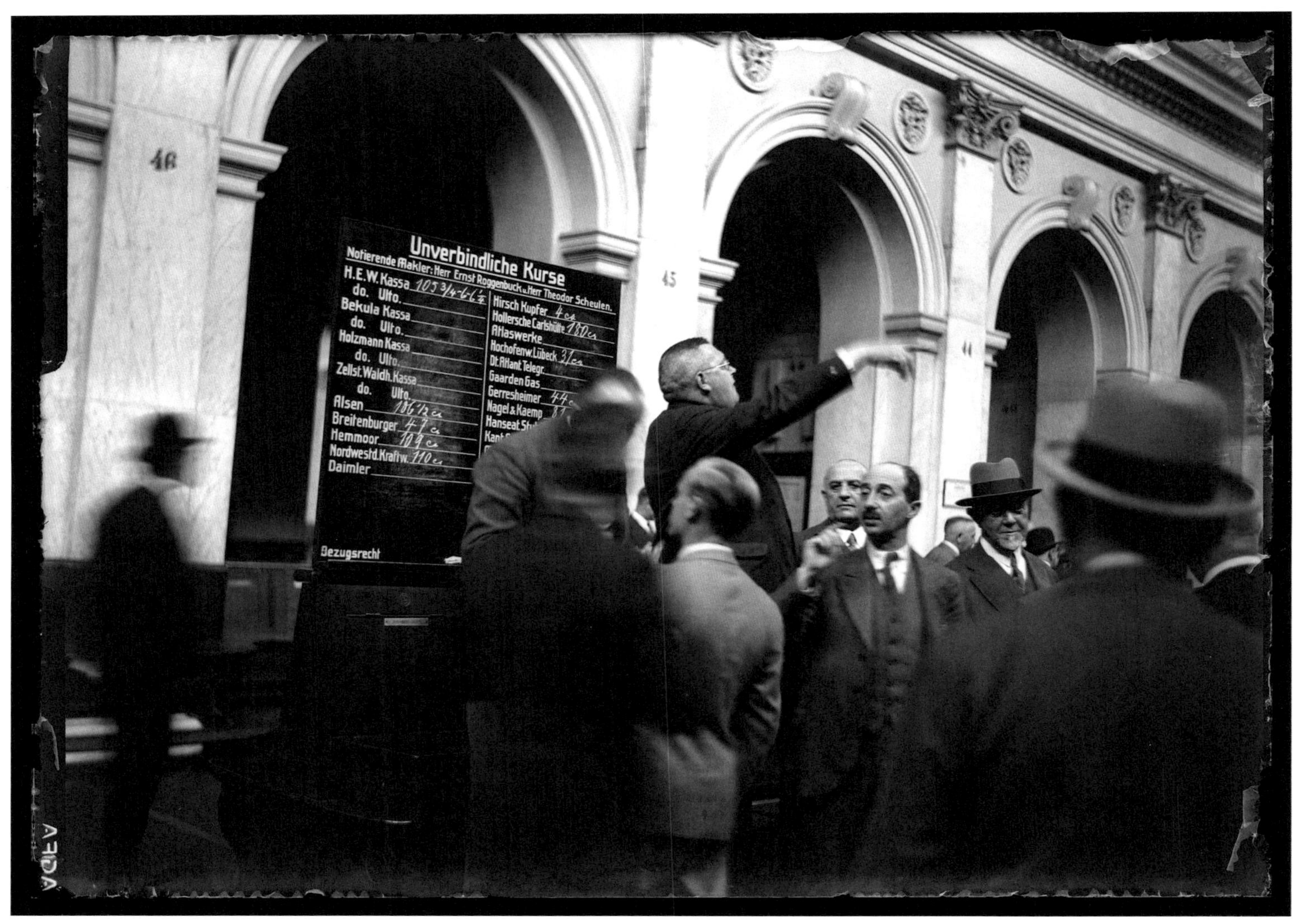

Makler winkt

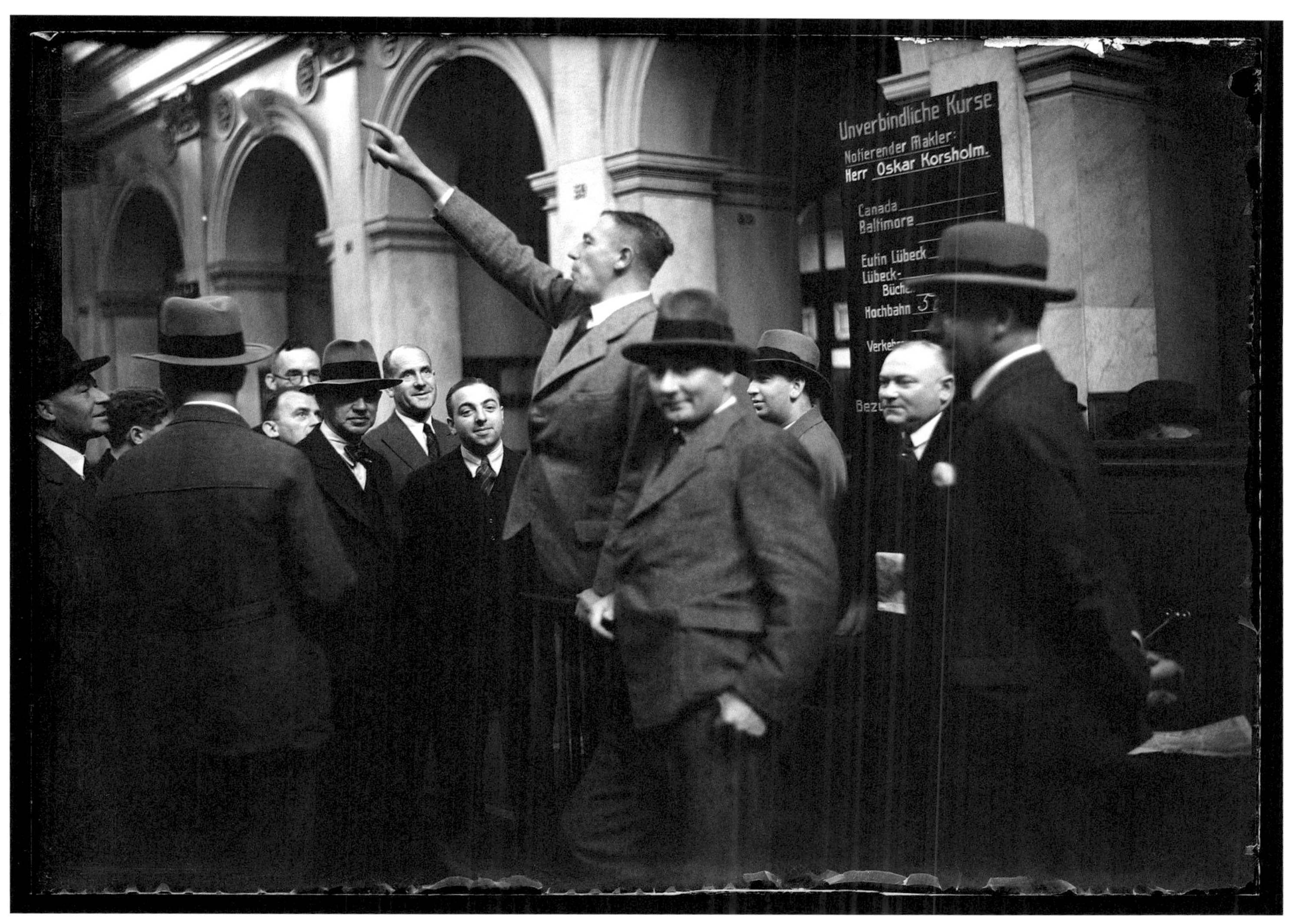

Makler winkt

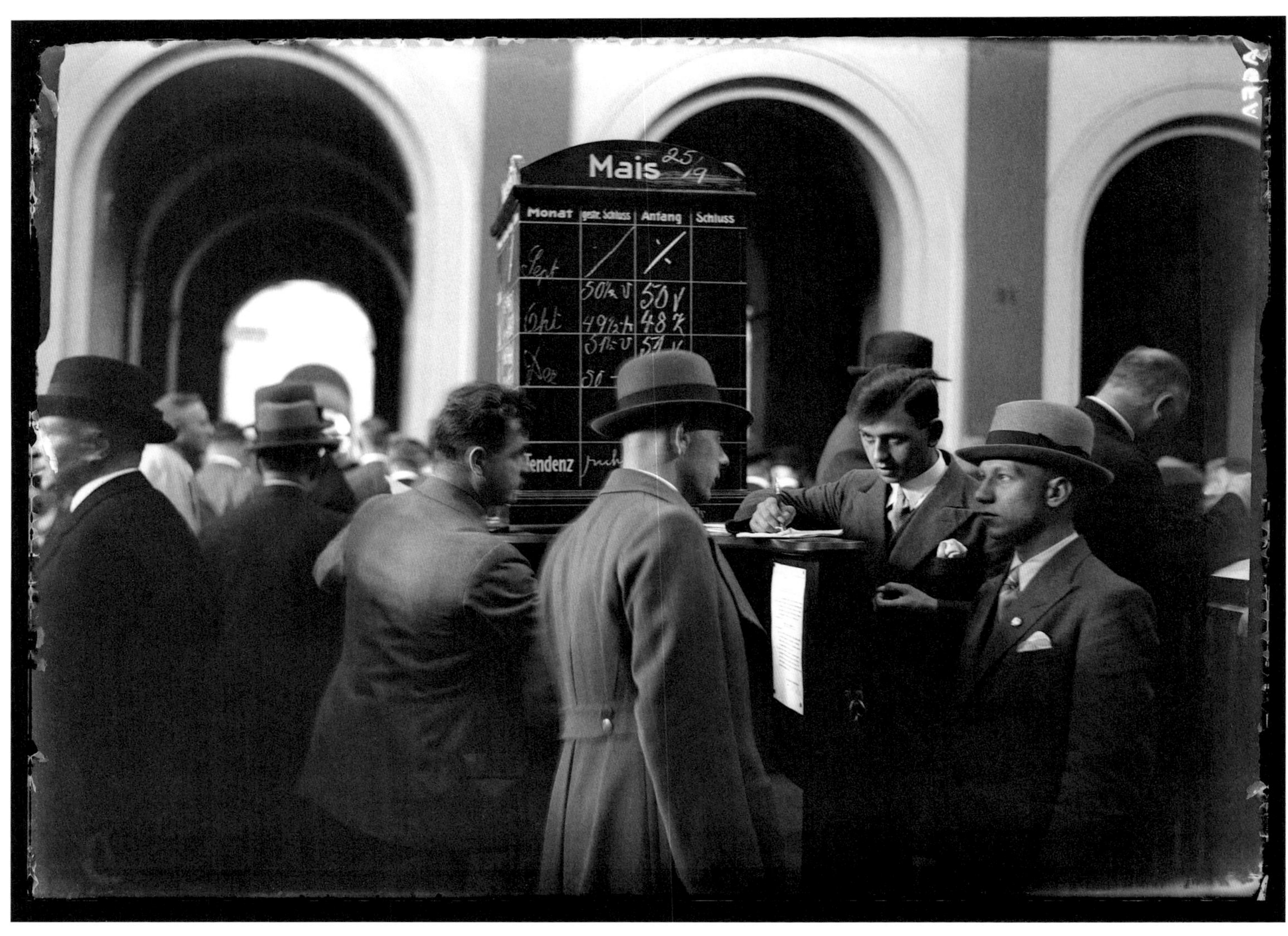

Warentermingeschäfte

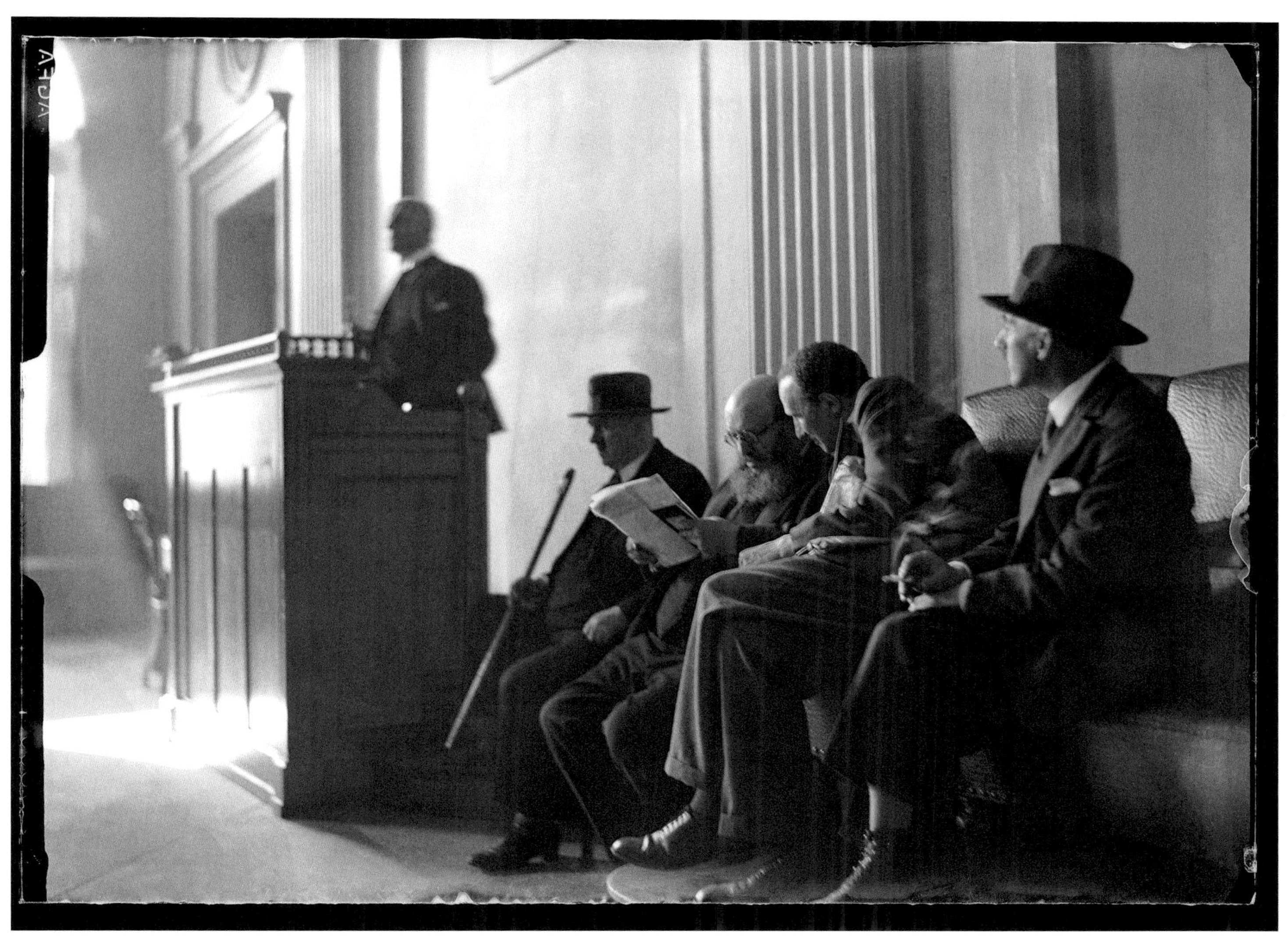

Makler warten auf den Auktionsbeginn

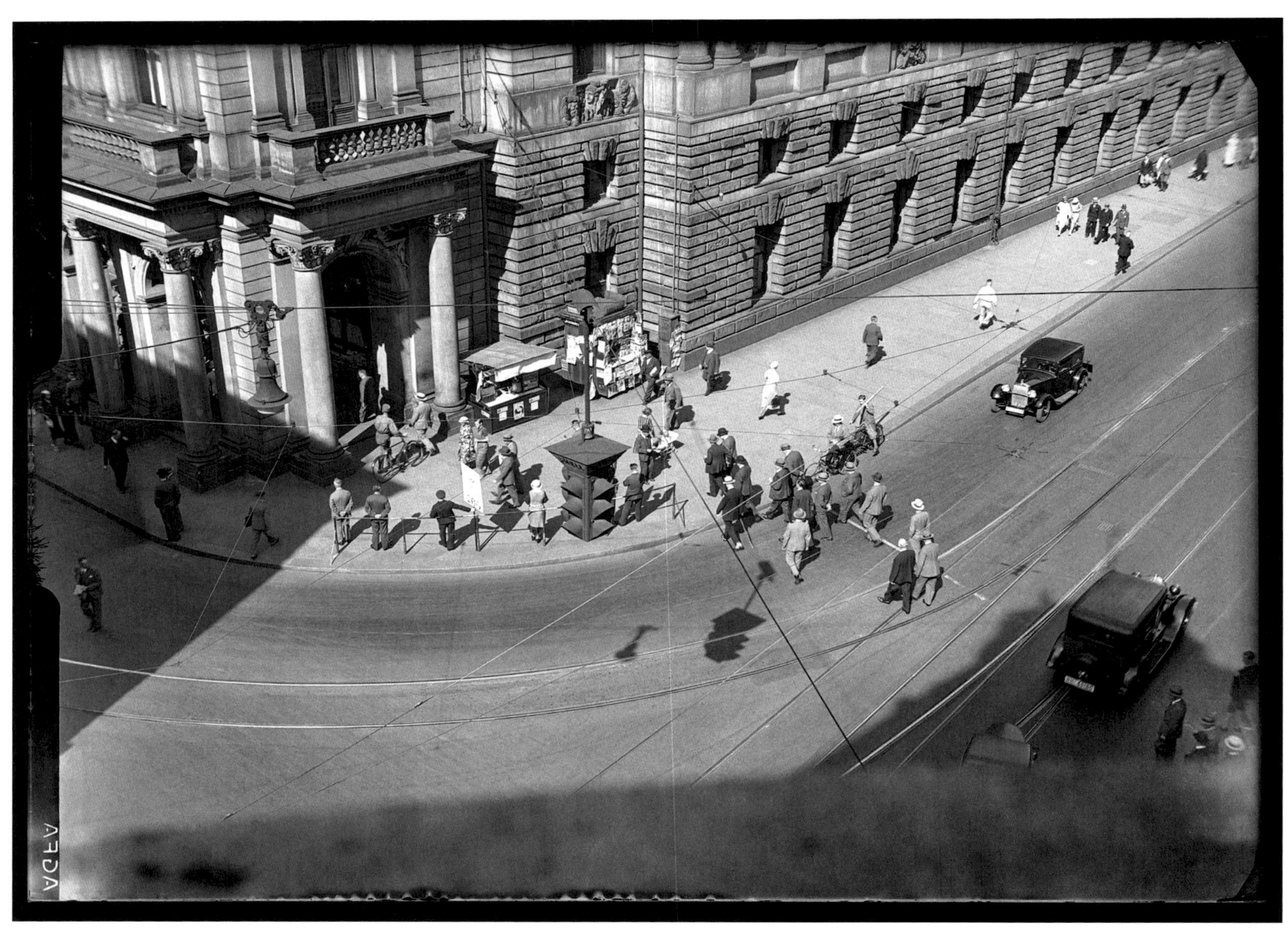

Kreuzung an der Hamburger Börse

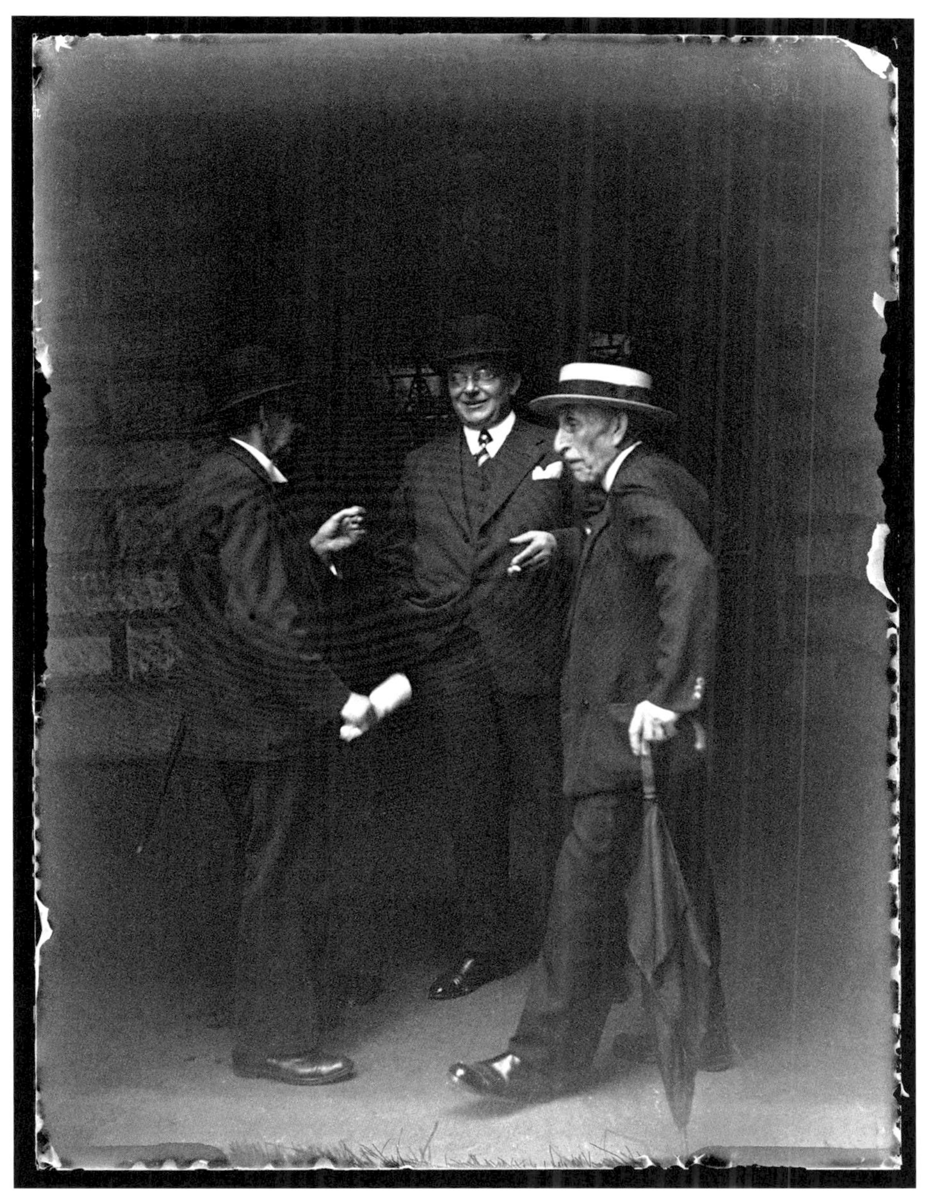

Börsianer am Ausgang

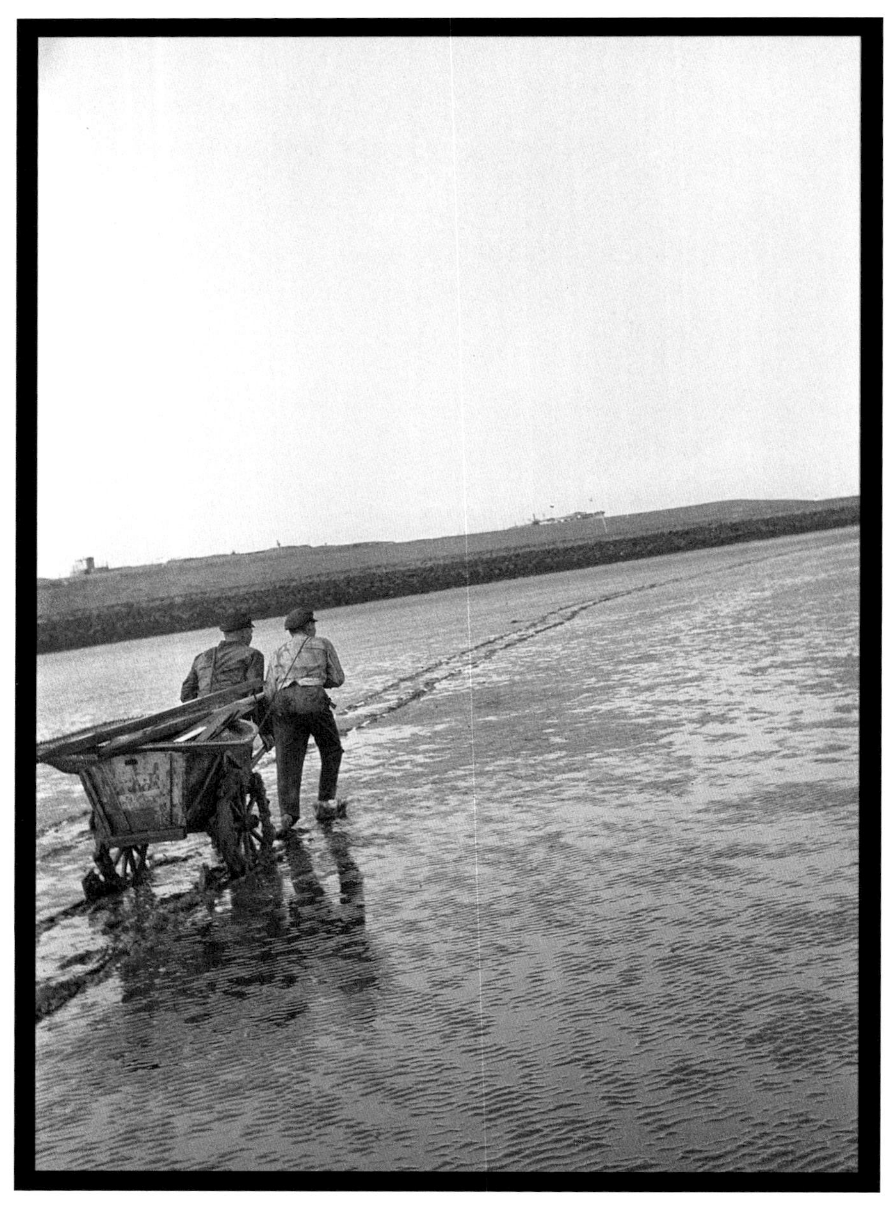

Nordsee, Wattenmeer, Krabbenfischer ziehen Karre an Land, um 1933

An der Nordseeküste

Wenn er schon in Hamburg sei, könne er auch noch an die Nordsee fahren, dachte Fide. Die Leser der neuen Arbeiterzeitung liebten bestimmt auch Geschichten von der See. Er fuhr nach Cuxhaven und spazierte über den Deich. Es war Ebbe, nicht nur im Watt, sondern auch beim Angebot an Motiven für die Arbeiterschaft.

Kinder tobten, ihre Eltern schmückten die Sandburgen. Fide suchte mit dem Fernglas den Horizont ab und entdeckte zwei Männer, die bis zu den Knien im Wasser standen. Sein Jagdfieber erwachte, er zog eine Badehose an und watete zu ihnen.

Die Entfernungen sind im Wattenmeer weiter, als man denkt. Schließlich erreichte er die Fischer: Einer der beiden hielt eine T-förmige Stange, an der ein Kescher befestigt war. Fide erwischte ihn im Profil, er fotografierte gegen das Licht. Die linke, herabsinkende Hand des Fischers erschien in Bewegungsunschärfe. Der andere Fischer schob den Kescher über den Meeresboden wie einen Staubsauger, ging zu einer zweirädrigen Karre und sortierte den Fang. Die Muscheln wanderten zurück ins Wasser, die Krabben kamen in einen runden Weidenkorb. Mit seinem Kollegen zog er schließlich das Gefährt durch dicken Schlick. Die Räder sanken knöcheltief ein. Diese Leute verstanden es, eine Karre aus dem Dreck zu ziehen.

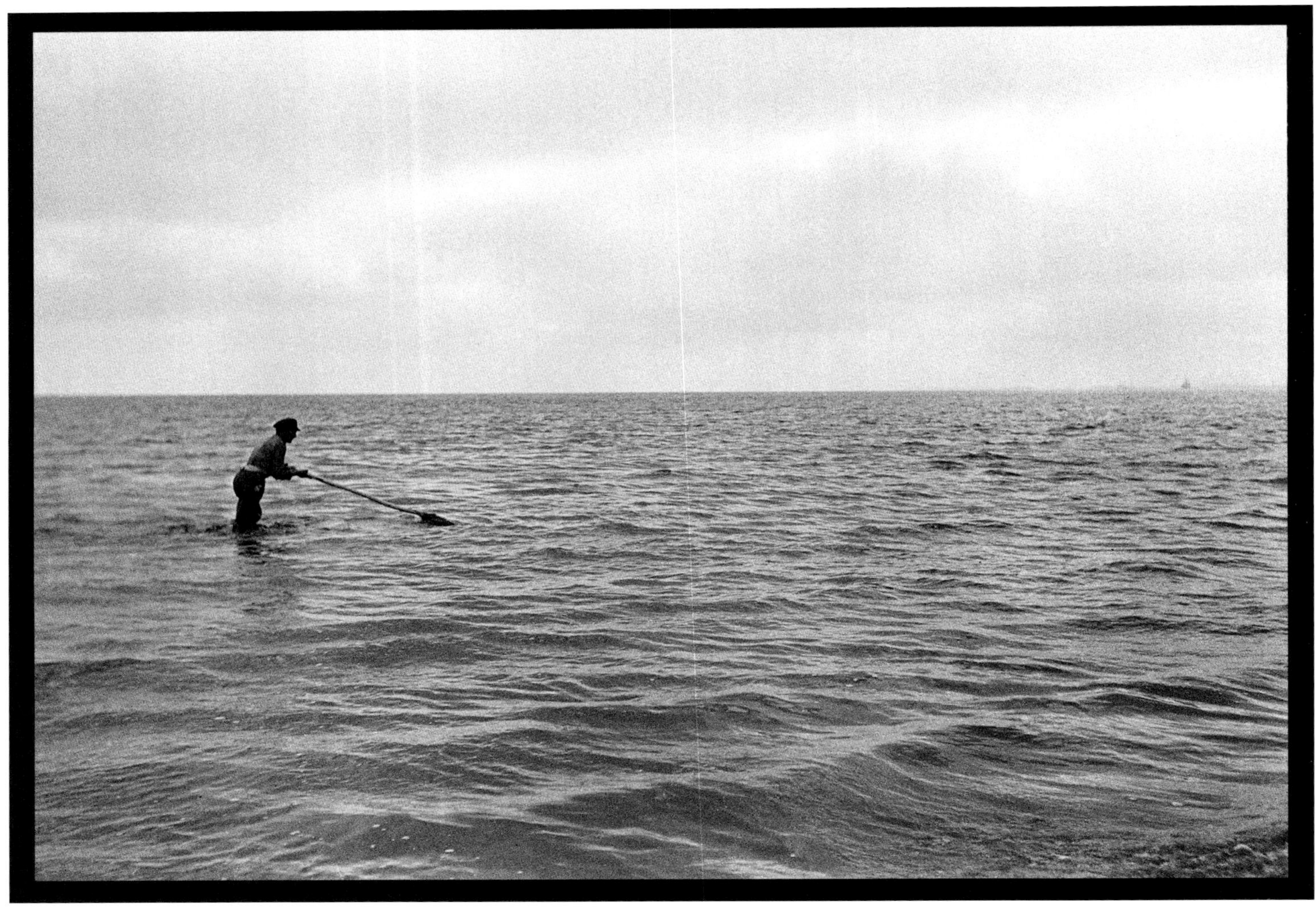

Krabbenfischer

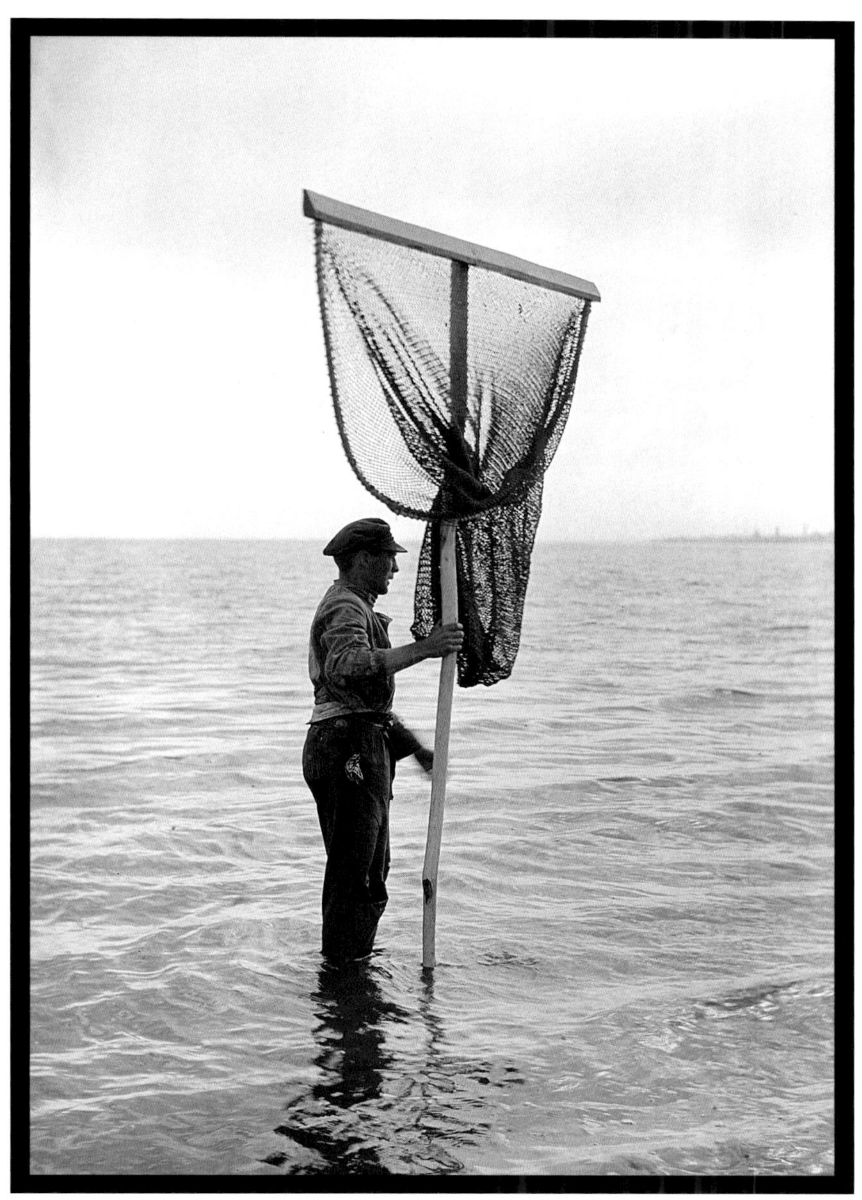

Krabbenfischer mit Kescher

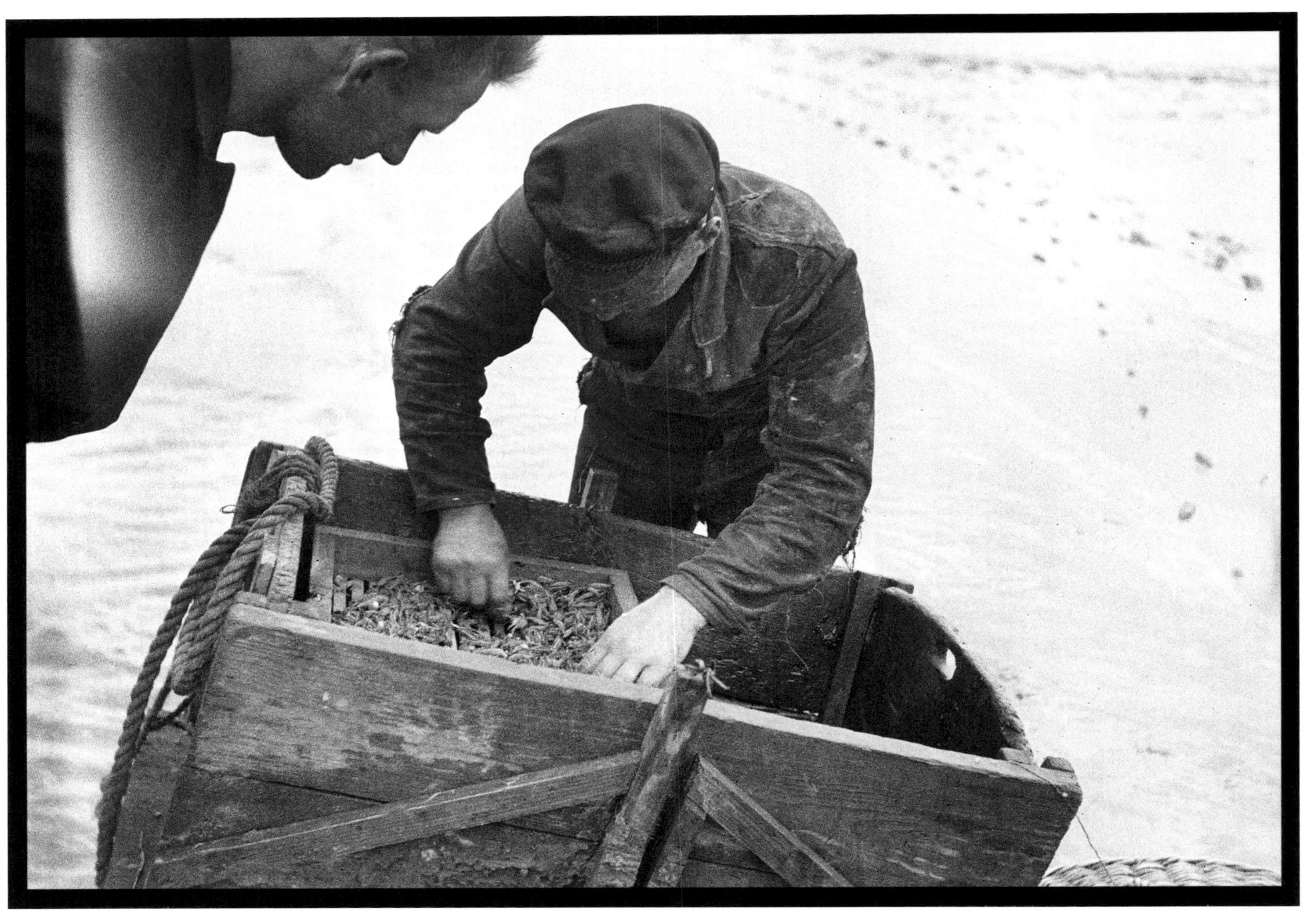

Krabbenfischer sortieren Beifang aus

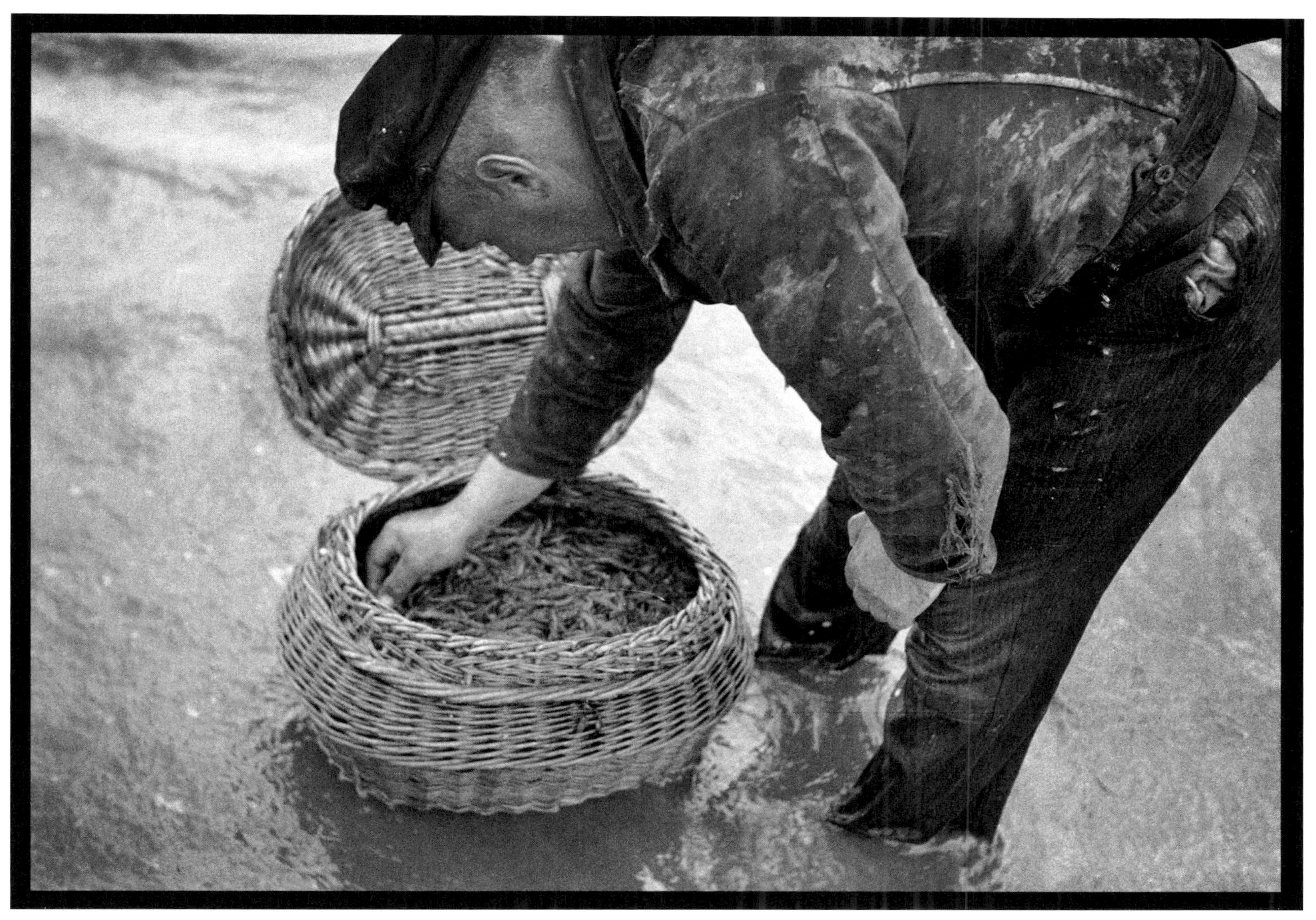

Krabbenfischer mit Fang in einem Weidenkorb

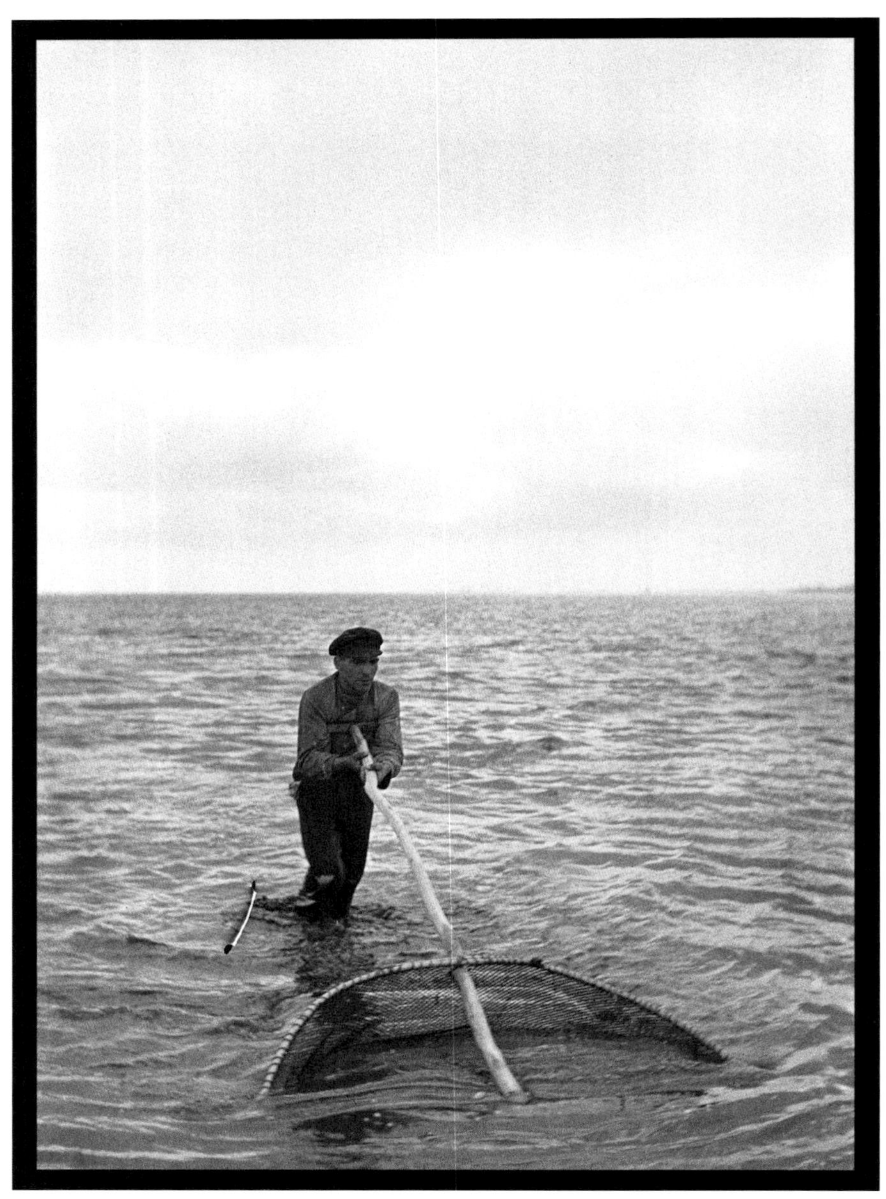

Mit dem Kescher auf Fang

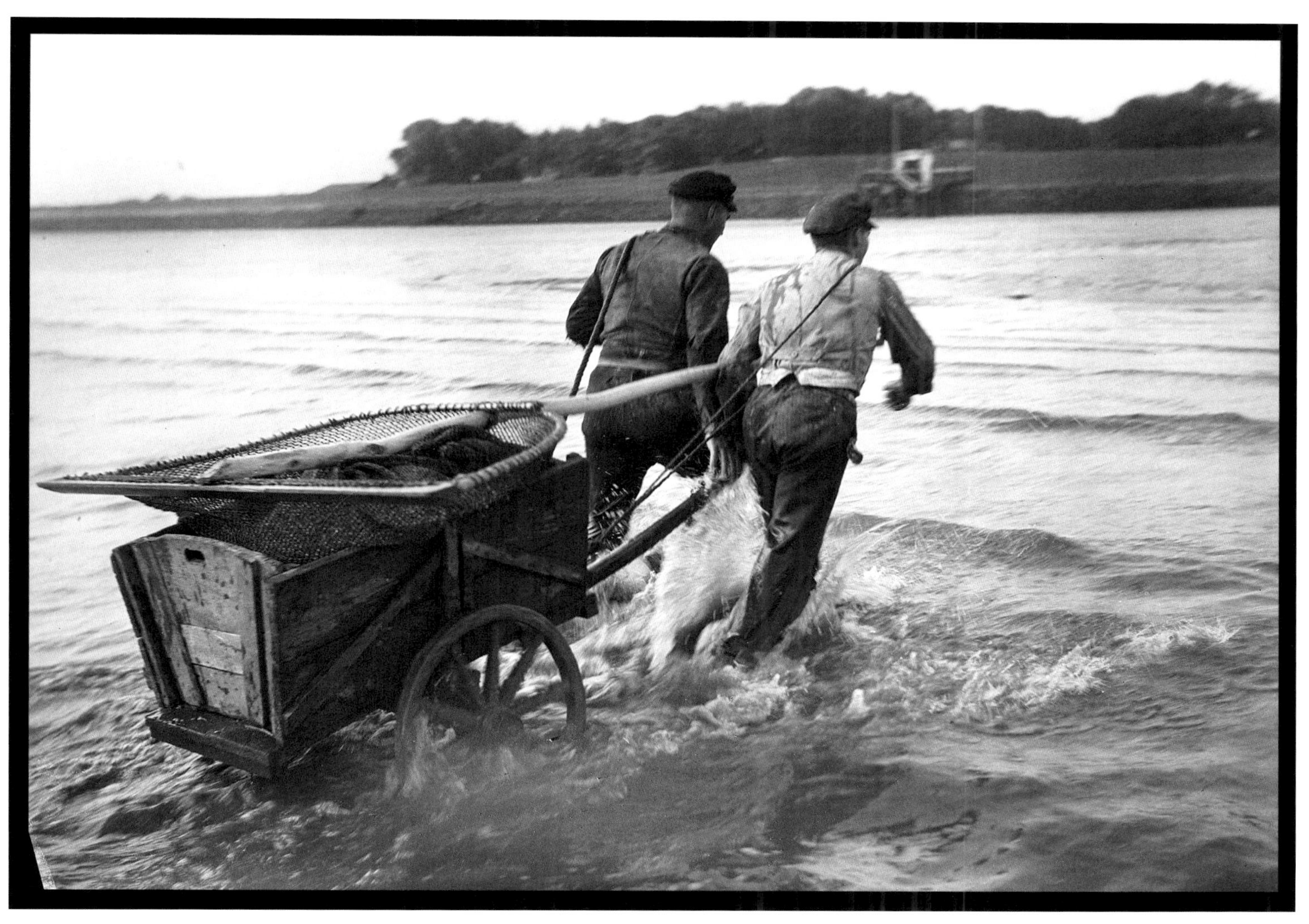

Krabbenfischer ziehen Karre an Land

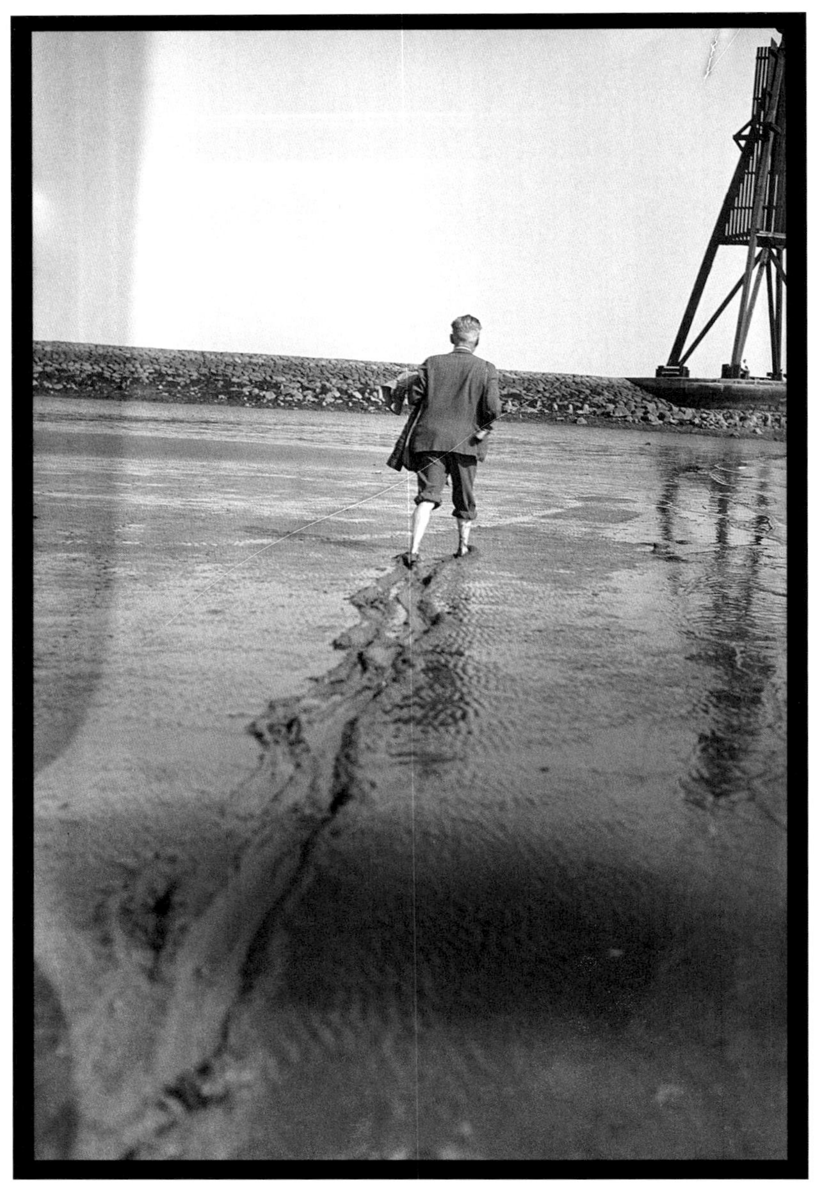

Martel fotografiert Ehemann Fide Struck auf dem Weg zur Kugelbake, um 1938

Was dann geschah

Am 29. Oktober 1933 erschien die 15. Ausgabe der *ABZ* mit Fides Bildberichten. Stolz zeigte er Else die Zeitschrift und wurde enttäuscht: Sie lachte ihn aus. Fide sei naiv. Dieses Plagiat der *AIZ* sei ein perfides Propagandastück. Diese Zeitung heuchele Sympathie mit den Arbeitern, um die wahren Absichten der Nazis zu verschleiern. Über diese wusste Else aus erster Hand Bescheid, denn sie hatte sich schon vor der Machtergreifung dem aktiven Widerstand angeschlossen. Nach den Reichstagswahlen am 12. November 1933, bei denen die NSDAP-Einheitsliste 92 % der Stimmen erhielt, konnte das Regime auf ein trojanisches Pferd wie die *ABZ* verzichten. Die Zeitschrift wurde am 26. November 1933 eingestellt. Vier Monate später wurden Else und Harry Großmann wegen Hochverrats zu einem Jahr Zuchthaus verurteilt.

Fide nahm sich vor, sich noch unauffälliger zu verhalten, eine Eigenschaft, die er als Fotograf gelernt hatte. Er wird weiter auf Berliner Straßen fotografieren und Begegnungen mit Nazis meiden. Er versuchte, sich aus dem „Dritten Reich" ins private Reich zurückzuziehen, machte Bilder seiner Familie und von Landschaften.

An einem Sommertag im Jahr 1938 erzählte er seiner Frau Martel, dass er ein Angebot der Siedlungsgesellschaft Frank habe und zu einem Gespräch nach Hamburg kommen solle. Das könnten sie mit ein paar Tagen Urlaub an der Nordsee verbinden.

Er versprach Martel, ihr wie ein „He lücht" die Grenze zwischen Strom und Ozean zu zeigen. Fides Schwägerin begleitete beide auf dem Spaziergang am Cuxhavener Strand, wo er einige Jahre zuvor die Krabbenfischer entdeckt hatte.

„Und wo ist nun der Anfang des Ozeans?", mag Martel den rechtzeitig vor der Flut Zurückgekehrten gefragt haben. Fide ging mit den Frauen zur Kugelbake an der Elbmündung. Das sei ein Seezeichen, einst zur Orientierung für die Schiffe gebaut, erklärte er. Es sei 30 Meter hoch, eine Konstruktion aus zwei Dreiecken wie zwei As. – „A wie Anfang", warf Martel ein. – „Ja, richtig. Stellt euch beide an die große Pfütze." Fide ging zurück und, so muss es gewesen sein, rief: „Jetzt schaut euer Spiegelbild an!" Der Horizont teilte das Bild. Zwischen den Frauen stand mittig im Hintergrund die Kugelbake und spiegelte sich ebenfalls im Wasser. – „Fertig?" – „Geduld, das Wasser muss glatt sein." Auf der Mattscheibe der Kamera wurde das Spiegelbild noch einmal gespiegelt. Man kann es drehen und wenden, wie man will, mag Fide gedacht haben, Hauptsache man behält in dieser Zeit den Kopf oben. Klick.

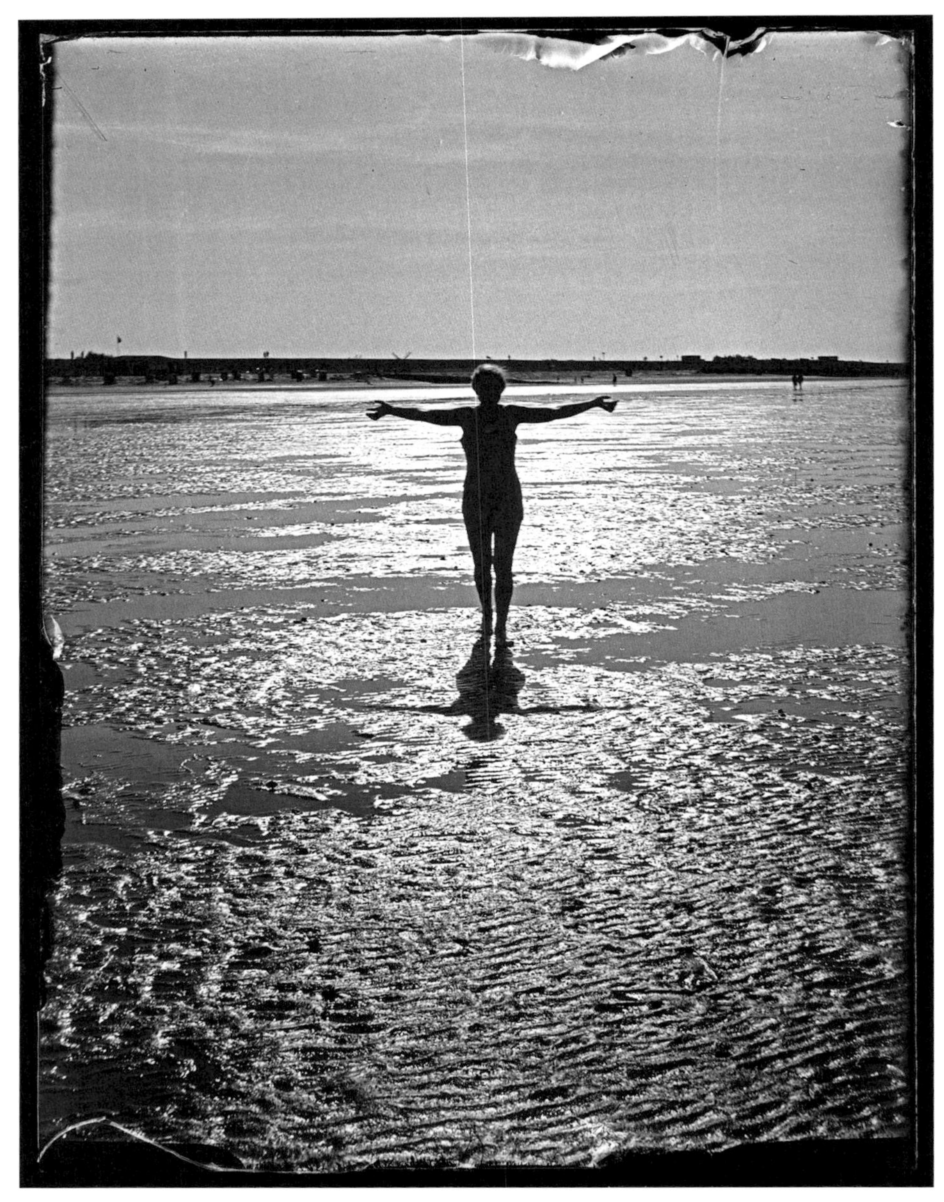

Elbmündung, Martel Struck im Gegenlicht

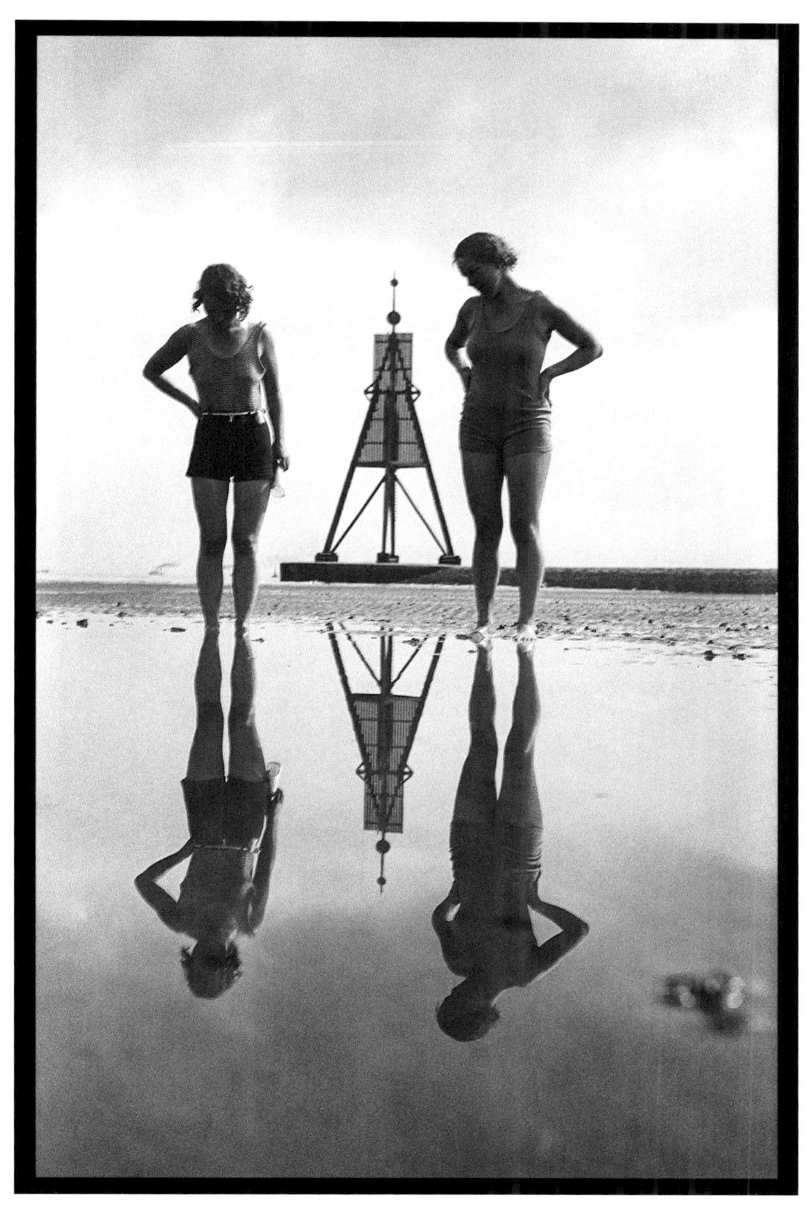

Elbmündung, Kugelbake, Martel Struck (rechts) und ihre Schwester

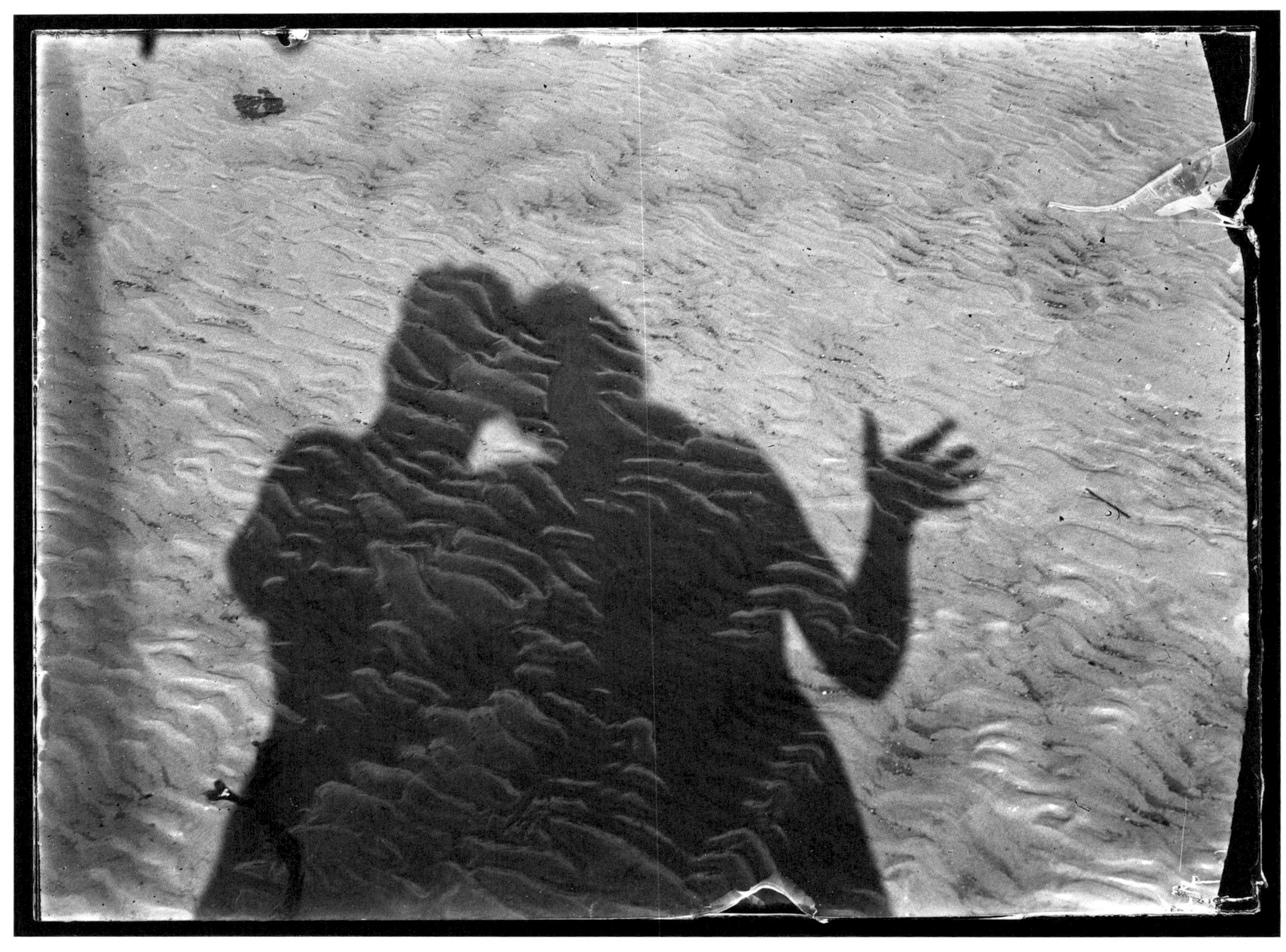

Elbmündung, Fide Struck und Ehefrau Martel, Schattenspiel, um 1938

Erhalt

Im Sommer 2019, 78 Jahre nachdem der Fotokoffer verschlossen wurde, war ich mit dem Auspacken fertig. Der gesamte Inhalt des Koffers wurde in den Bestand der bpk-Bildagentur der Stiftung Preußischer Kulturbesitz aufgenommen. Der Begriff „preußische Kultur" hätte Fide irritiert. Für ihn war er gleichbedeutend mit Kommiss. Doch er liebte auch Schloss Sanssouci, in dessen Nähe er 1930 als Trockenwohner lebte. Die bpk begründete die Aufnahme damit, dass Fides Werk „fotogeschichtlich und inhaltlich bedeutend" und erhaltenswert sei.

Die Fotografie hatte Fide einen Weg aus dem armseligen Gängeviertel gezeigt. Warum tauschte er nach dem Krieg die Kamera gegen eine Schreibmaschine? War es der richtige Moment, mit der Fotografie aufzuhören? Gab es nicht gerade jetzt, in der Nachkriegszeit, eine Fülle von starken Motiven?

Vielleicht hat Heinrich Heine eine Erklärung. Die Wurzel allen Übels, schrieb er in den *Reisebildern*, läge darin, dass der liebe Gott bei der Schöpfung der Welt zu wenig Geld geschaffen habe und daher welches vom Teufel borgen musste. Als Sicherheit übergab er dem Teufel die Welt. Der konnte sich nun in ihr herumtreiben, wie es ihm gefiel. Allerdings sei der Teufel nicht so dumm, dass er sein Pfand zerstören würde. So bleibe die Welt, sei es auch durch schlechte Mittel, am Ende erhalten. Das seien die schlimmen Nachwirkungen einer Schuld, resümiert der Dichter, dessen Onkel Bankier in Hamburg war.

Eine Schuld ist wie ein Loch, das in der Praxis oft durch ein anderes gestopft wird. Wie könnte es nachhaltig gefüllt werden? Heine würde vielleicht sagen, mit Witz. Im richtigen Moment.

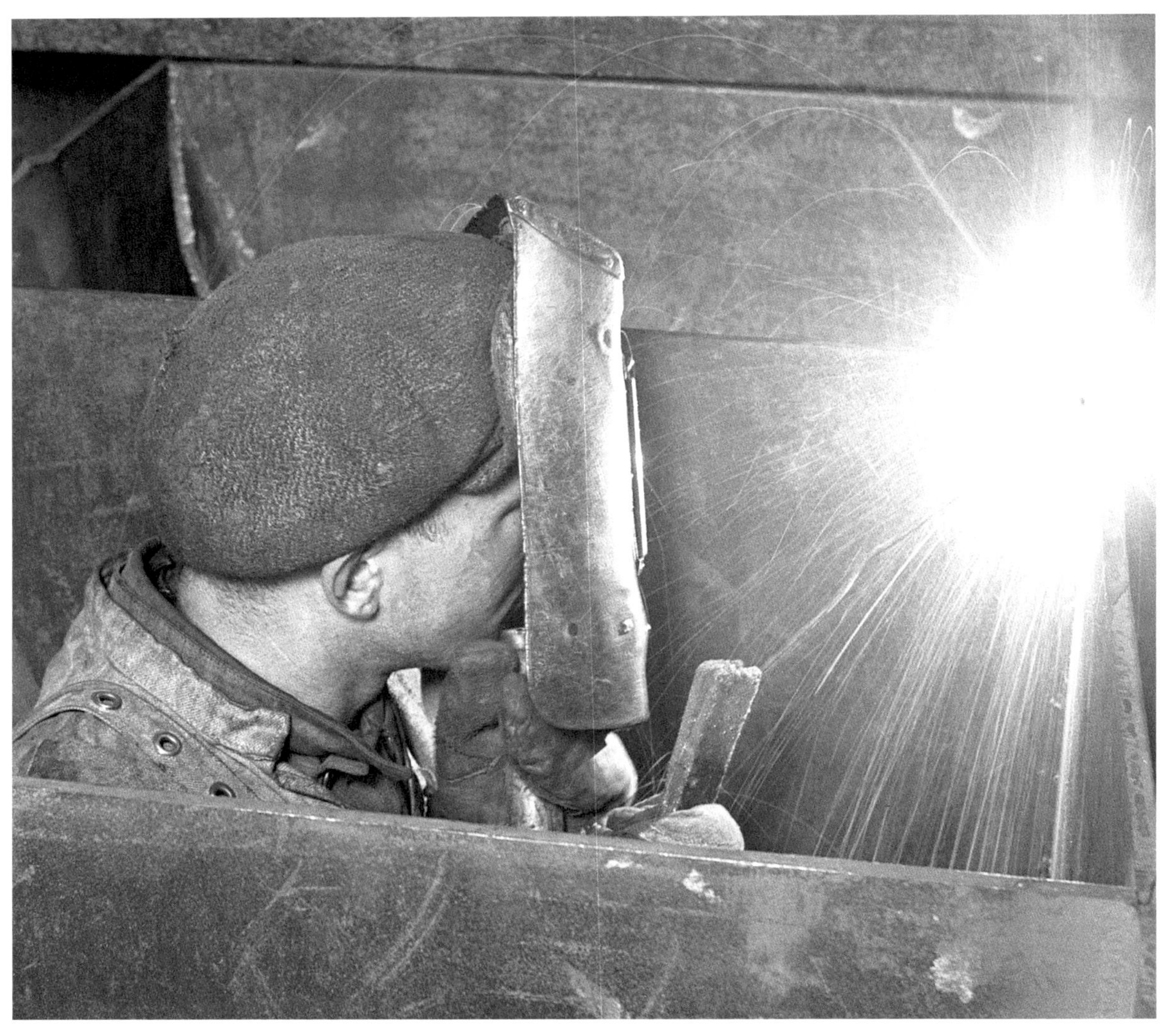

Schweißer bei der Arbeit, Detail (siehe S. 25)

Unverstellte Blicke?

Fide Struck fotografiert Arbeitswelten in Hamburg und an der Nordsee um 1932

Pia Littmann

Schweißer im Brennpunkt

Zwischen zwei zerkratzten Metallwänden ragt ein Mann empor – der Fotograf hat ihn in leichter Aufsicht eingefangen, so gerade bis zur Schulter ist er zu sehen. Er trägt eine Schiebermütze und hält sich einen Schutzschirm mit Sehschlitz vor das Gesicht. Eng ist es, und der Mann ist hochkonzentriert. Er arbeitet, er schweißt.

In der rechten Hand hat er die Klemme, sie verbindet die Elektrode mit dem Stromkabel. In dem gleißend hellen Licht und zwischen den sprühenden Funken ist der zittrig-nervöse Draht, mit dem der Schweißer die Schotten berührt, kaum auszumachen. Durch den Strom, der durch den Leiter jagt, wird das Metall auf so hohe Temperaturen gebracht, dass es sich mit einem anderen Stück verbindet, sich „fügen“ lässt, wie es im Fachjargon heißt.

Krrr ... An der Ecke blitzt ein Lichtbogen auf, der Funkenflug vorne gleicht einem Bündel Lametta, vereinzelte Funken wirbeln nach oben, ellipsenartig, und dann – klick –, Fide Struck fotografiert den Moment mit seiner Plattenkamera. Der Schweißer hat ihn nahe an sich herangelassen, doch davon wird er kaum Notiz genommen haben. In dem gleißend hellen Lichtfleck mit dem kleinen schwarzen Punkt in der Mitte verschmelzen seine Arbeit und die des Fotografen jedenfalls in eins: Der eine arbeitet mit glühender Hitze, der andere mit dem Licht. Das Foto des Schweißers gehört zu einer Serie, die Struck unter dem Titel *Werft* zusammengefasst hat.

Ein fotografisches Vermächtnis im Koffer

Friedrich Wilhelm Theodor Struck, meist nur „Fide“ genannt, wächst in einfachen Verhältnissen im Hamburger Gängeviertel auf. Anfang der 1930er-Jahre ist er im Hauptberuf Buchhalter bei der „Brandenbugischen Heimstätte“, einer Siedlungsgesellschaft in Berlin. Im Sommer 1932 verliert er seine Anstellung und kauft sich von der Abfindung eine neue Fotoausrüstung. Wir können vermuten, dass er seine fotografische Tätigkeit nun intensiviert hat. Ausgestattet mit seinen Platten- und Rollfilmkameras zog es ihn mehrmals in seine Heimatstadt an der Elbe zurück, wo ihn besonders die Bereiche der Arbeit und des Handels interessierten.

Strucks Aufnahmen lassen eine Welt in Schwarz-Weiß wiederauferstehen, in der wettergegerbte Fischer Krabben aus dem Wattenmeer keschern (S. 86–91), in der Männer Latzhosen und Schippermützen tragen und Frauen weiße Kittelschürzen und Hauben anlegen, um die Kundschaft im feinen Zwirn zu bedienen (S. 54). Es ist eine Welt der sichtbaren sozialen Unterschiede.

Seine Fotografien betrachtete Fide Struck selbst als wichtige Dokumente – über die Zeit ihrer Entstehung hinaus. Im Jahr 1941, längst tobt ein Weltkrieg, verstaute er rund 3 000 Negative auf Glas und Film nach Themen sortiert in einem Koffer und trug dafür Sorge, dass sie die Nachwelt erreichen würden.

Fotografieren zwischen Kunst und Propaganda

Bei aller Leidenschaft für die Lichtbildnerei: Fide Struck wird auf Veröffentlichungen spekuliert haben, das Reportagehafte seiner Aufnahmen legt dies nahe; und es gibt Hinweise darauf, dass er die Bilder Fotoagenturen angeboten hat. Einige seiner Fotos wurden im Oktober 1933 tatsächlich anonym in der Illustrierten *Arbeit in Bild und Zeit (ABZ)* abgedruckt, wie sich während der Arbeit an diesem Katalog herausstellte. Werfen wir einen Blick auf die Amateurfotografie um 1930 und die vielschichtigen Verbindungen von Kunst und Propaganda: Fotografieren war um 1930 keine so simple und allgegenwärtige Angelegenheit wie heute. Im Vergleich zu den Anfängen der Technik mit ihren riesenhaften Apparaten und langwierigen Entwicklungsprozessen war das Bildermachen jedoch bedeutend leichter und schneller geworden. Die erste Kleinbildkamera wurde 1925 auf der Leipziger Frühjahrsmesse vorgestellt, doch auch Plattenkameras, wie Fide Struck sie viel benutzte, waren handlicher und reaktionsschneller geworden. Die Fotografie hatte eine neue Dimension des Sichtbarmachens erreicht – und Struck wirkte daran mit. In seinem Beitrag beschreibt Sohn Thomas Struck die Sympathien des Vaters für die Arbeiterbewegung und rückt ihn in die Nähe zur sogenannten Arbeiterfotografie – was hatte es damit auf sich?

Wirtschaftliche Instabilität, ideologische Richtungskämpfe und das erstarkende Selbstbewusstsein der Arbeiterinnen und Arbeiter prägten den gesellschaftlichen Diskurs und die Realitäten der ausgehen-

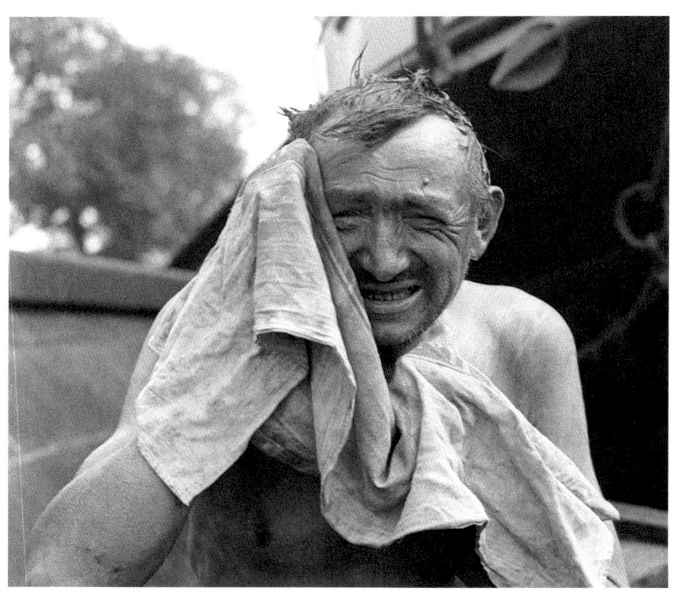

Arbeiter trocknet sich ab, Detail (siehe S. 27)

den Weimarer Republik. Die Fotografie wurde in diesem Kontext zunehmend als politisches Instrument eingesetzt, um die Massen zu beeinflussen und zu mobilisieren. Wesentliche Impulse gingen dabei von der jungen Sowjetunion aus, die sich gerade als solche konsolidierte. Als im Jahr 1921 infolge der dort wütenden Hungersnot die „Internationale Arbeiterhilfe" in Berlin gegründet wurde, ging es den Verantwortlichen um den KPD-Politiker Willi Münzenberg neben materiellen Hilfsleistungen nicht zuletzt um ideologische Unterstützung. Die Etablierung der deutschen Zeitschrift *Sowjet-Russland im Bild* ist vor diesem Hintergrund zu sehen.

Bald schon verschob sich der Fokus des Blattes auf das seinerseits gebeutelte deutsche Proletariat, mit dessen Hilfe die kommunistische Revolution fortgesetzt und verwirklicht werden sollte – und das mit großem Erfolg. In kurzer Zeit wird die Zeitschrift, die mittlerweile unter dem Namen *Arbeiter-Illustrierte-Zeitung (AIZ)* firmierte, zu den auflagenstärksten Illustrierten der Weimarer Republik gehören; ab 1931 kommt sie auf 500 000 Exemplare pro Ausgabe.[1] Unter den üppig eingesetzten Pressefotografien und knalligen Produktbildern stechen vor allem die teils mit bissigen politischen Kommentaren gespickten Fotomontagen des Dada-Künstlers John Heartfield hervor.[2] Sie sind Beispiele für die vielfältigen Ausprägungen des „Neuen Sehens", jener experimentellen Fotokunst der 1920er- und 1930er-Jahre, die die Welt aus steilen Perspektiven, in überraschenden An- und Ausschnitten, verblüffender Dinglichkeit oder abstrakten Gestaltungen neu erfahrbar werden ließ. Mit ihrem „Blick von unten" bedeutete auch die Arbeiterfotografie ein „neues" Sehen. Wie vertrackt die Verbindung von Kunst und Propaganda war, zeigt jedoch die weitere Entwicklung.

Denn woran es der *AIZ* mangelte, waren Bilder, die das Leben und Wirken der Arbeiterinnen und Arbeiter möglichst authentisch wiedergaben, die also aus ihren eigenen Reihen kamen. Ein Wettbewerb wurde ausgelobt, der sich an Amateurfotografinnen und -fotografen richtete und zum Einreichen von Bildberichterstattungen aufrief. Die positive Resonanz darauf, vor allem aber der sich verschärfende politische Richtungskampf führte im Jahr 1927 zur Gründung der „Vereinigung der Arbeiter-Fotografen Deutschlands" (VdaFD), abermals von Münzenberg initiiert.[3] Parallel wurde die Zeitschrift *Der Arbeiter-Fotograf* ins Leben gerufen, die den Verbandsmitgliedern die Anliegen der Bewegung nahebringen sollte. Nicht ohne Pathos heißt es dazu im ersten Heft: „Für den Arbeiter-Fotografen gibt es nur eine Schönheit des Bildes. Das ist die Wahrhaftigkeit. Deshalb ist's mit dem Fotografieren allein nicht getan. Wer nicht innerlich mit den Werktätigen lebt, mit ihnen ringt und kämpft, der wird ihn niemals finden, den richtigen Moment."[4]

Doch: Eine fotografische Ausrüstung musste man sich erst einmal leisten können. Und selbst dann waren „richtige Momente" in der Praxis selten anzutreffen, folgt man jedenfalls der heftinternen „Bilderkritik": Viel auszusetzen gab es an den technischen Ausführungen der eingesandten Fotografien wie auch an deren ästhetischer Wirkung, insofern der „stimmungsvolle" Aspekt fehlen würde. Allerdings konnte selbst (oder gerade) das gelungenste Bild nur ein Zufallstreffer sein, der nichts über die politische Gesinnung der fotografierenden Person aussagte. So recht trauen wollte man den Bildern daher nur, wenn sie seriell angelegt waren, wenn sie eine „Tendenz" abbildeten.[5] In der Summe stellten diese Kriterien nicht unerhebliche Hürden dar, sodass sich die Idee einer Arbeiterfotografie als breitenwirksame politische Kraft letztlich nicht verwirklichte.[6] Nur wenige Akteurinnen und Akteure wurden so bekannt wie Walter Ballhause für seine ästhetisch anmutenden Fotodokumentationen von Menschen in Armut und Elend oder Albert Hennig, der heimlich in den Werkhallen der Betriebe fotografierte. Mit der Machtübernahme der NSDAP im Jahr 1933 kam die Arbeiterfotografie in Deutschland zum Ende – jedenfalls in ihrer kommunistisch orientierten Ausprägung.

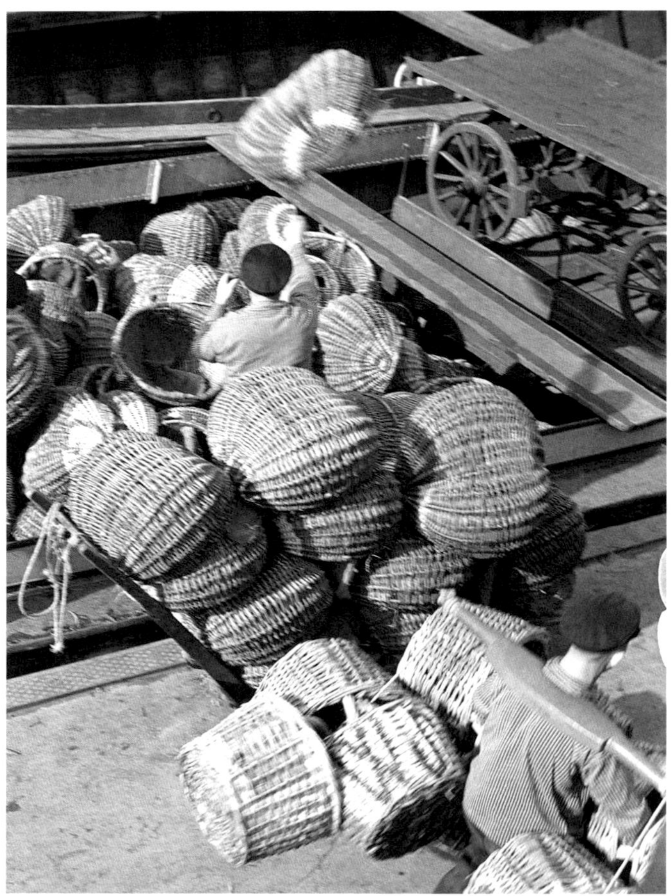

Weidenkörbe für den Warentransport, Detail (siehe S. 64)

Es ist wenig überraschend, dass im Nationalsozialismus erfolgreiche Themenschwerpunkte der politischen Gegenseite zu den eigenen gemacht wurden. Unter anderem beinhaltete dies die Fortsetzung der im NS-Staat verbotenen (im Prager Exil bis 1938 fortgesetzten) *Arbeiter-Illustrierten-Zeitung (AIZ)* unter rechten Vorzeichen. Mit dem neuen Titel *Arbeit in Bild und Zeit (ABZ)* beabsichtigte man, die vielfach links orientierte Arbeiterschaft nun unterschwellig für nationalsozialistische Interessen und Ansätze zu erwärmen – die Aufmachungen der Zeitungen ähnelten einander bis ins Detail.[7] Das Konzept sorgte jedoch auf verschiedenen Ebenen für Irritationen: Auf offizieller Ebene befürchtete man subversive Zusammenschlüsse linker Parteigenossinnen und -genossen über das eigentlich rechts gerichtete Organ, das sich als solches jedoch nicht klar zu erkennen geben konnte. Die Genossinnen und Genossen wiederum wussten mit dem Heft wohl oft nicht viel anzufangen. Nach nur wenigen Monaten wurde die Zeitschrift im November 1933 schon wieder eingestellt.

Die Veröffentlichung seiner Fotos in der *ABZ* mag aus heutiger Sicht und angesichts der linksliberalen Sympathien Strucks überraschen. Mit Blick auf die intransparente Aufstellung der *ABZ* und ihre geschäftlichen Praktiken – das Blatt wurde offenbar in derselben Druckerei produziert wie die linke Vorgängerpublikation und innerhalb der Redaktion dürfte es personelle Kontinuitäten gegeben haben[8] – wäre es möglich, wenn auch unwahrscheinlich, dass seine Fotos aufgrund früherer Einsendungen vorlagen und einfach weiterverwendet wurden. Genauso denkbar ist es aber auch, dass dem erwerbslosen Struck das neue Heft als akzeptable Perspektive erschienen ist, wie sein Sohn in seinem Beitrag vermutet. Die genauen Hintergründe der Publikation, die über eine der zahlreichen damals aktiven Fotoagenturen abgewickelt worden sein könnte, bleiben im Dunkeln.

Beobachtungen zur Position von Fide Struck

Mit dem 2014/15 in Dresden, Köln und Zwickau realisierten, DFG-geförderten Ausstellungs- und Publikationsprojekt *Das Auge des Arbeiters* war die Hoffnung verbunden, „die heterogene Stilistik der Amateurfotografie“ an weiteren Fallbeispielen zukünftig genauer auszuleuchten.[9] Das fotografische Vermächtnis von Fide Struck darf diesen als interessanter Baustein hinzugefügt werden. Wie positionierte er sich? Positionierte er sich überhaupt? Und inwiefern ließen sich seine Bilder politisch vereinnahmen?

Fragen wir zunächst: Was zeigen sie? Den Hamburger Gemüsemarkt zum Beispiel (S. 56, 60–71): Eine aus luftiger Höhe gemachte Aufnahme vermittelt die Ausmaße des Treibens an den Deichtorhallen, sie zeigt Massen von Menschen, Waren, Körben und Kisten. Auf der linken Seite bezieht Struck die leicht gekrümmte Straße mit den an- und abrollenden Wagenkolonnen in den Bildausschnitt ein und dynamisiert das von oben gesehen eher statisch wirkende Geschehen auf dem Markt.

Auch auf der Straße arbeitet er weiter mit Bewegung. Struck ist wendig, das sieht man seinen Fotos an: Ein schnieker Typ setzt seine voll beladene Sackkarre gerade schwungvoll in Bewegung, einem anderen fallen die Kisten just wieder herunter – spannende Momentaufnahmen. Doch der Fotograf sucht die Zusammenhänge. Erneut wechselt er den Schauplatz: Erst einmal müssen all die Körbe und Kisten auf den Marktplatz. Es

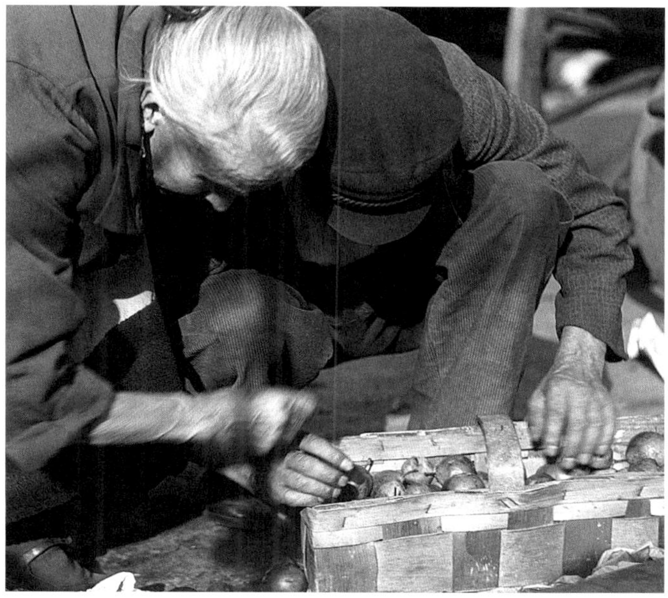

Mann und Frau wühlen in den Resten am Boden, Detail (siehe S. 70)

ist wie ein Film, der sich vor uns abspult. Nun schauen wir den Marktbeschickern zu, die am Zollkanal angelieferte Waren vom Kai zu den Marktständen transportieren. Drei Männer sind erforderlich, um die schwere Ladung auf Schienen die Eisenbrücke hochzuschieben (S. 58/59). Ihre körperliche Anstrengung wird durch die leichte Untersicht des Fotografen erfahrbar, der sich an ihre Fersen geheftet hat.

Zurück auf dem Platz spielt er mehrere Ansichten durch, visualisiert Verkaufsabläufe auf Augenhöhe und richtet den Fokus zugleich auf das Geschehen am Rand. Dort hat er ein tief gebeugtes älteres Paar fotografiert, das im Rinnstein nach Gemüseresten sucht. Ihre kräftigen Hände sind in Bewegung, die Gesichter jedoch aufgrund des Blicks nach unten nicht zu erkennen. Etwas

Monumentales geht von ihnen aus. Vielleicht ist es Zufall, dass das Licht das schlohweiße, zu einem Dutt gesteckte Haar der Frau just erfasst und strahlen lässt. Vielleicht war es auch – der „richtige Moment“. Die Szene im Rinnstein erhält etwas Anmutiges.

Immer wieder katapultieren uns einzelne Bilder aus dem Erzählfluss und irritieren den Blick, schärfen ihn. Etwa in der Räucherei, wo sich Struck umgesehen hat (S. 48–53): Dort baumeln die silbernen Fischleiber auf Spießen, hinter- und übereinander aufgehängt. Am anderen Ende der Räucherkammer stehen zwei Frauen. Zwischen den Bücklingen sieht man ihre Oberkörper nur ausschnitthaft; eine beugt sich vor und hantiert an den Stangen, rückt wohl etwas gerade. Die Fische, die Ware, der Mensch – der Fotograf bedient sich avantgardistischer Mittel und setzt seine Motive auf diese Weise in ein extremes Verhältnis.

Doch er verliert die Menschen darüber nicht aus den Augen. Er zeigt uns die Frauen, wie sie die Fische von den Spießen holen oder wie sie andere Fische ausnehmen. Mit ihren weißen Kopftüchern und dunklen Kitteln stehen sie um einen Holztisch voller Makrelen, der leicht schräg von vorne zu sehen ist. Die Hände der Arbeiterinnen sind glitschig vom Fischgedärm, die Kittel schmutzig. Hinter ihnen ist die nüchterne Architektur erkennbar, fabrikmäßig sieht es aus. Und doch vermittelt dieses Foto etwas Schönes, etwas Sinnliches. Die Mienen der Frauen wirken konzentriert, vielleicht versunken, eine hat das Gesicht fast hingebungsvoll zur Seite geneigt.

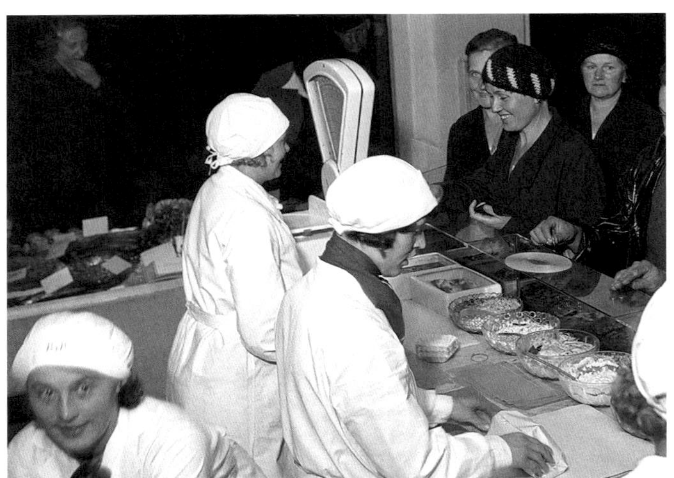

Verkäuferinnen und Kundschaft am Tresen, Detail (siehe S. 54)

Später werden die zu Rollmöpsen und Salaten verarbeiteten Fische hinter der hauseigenen Theke verkauft, auch das hat Fide Struck aufgenommen. Die Verkäuferinnen in weißen Schürzen stehen der Kundschaft in eleganter Kleidung direkt gegenüber. Der Fotograf steht auf der Seite der Fischhändlerinnen und hat die Situation von einem leicht erhöhten Standpunkt aus eingefangen. Die Leute vorne schauen höflich, geschäftig oder abwesend. Ein kleiner, nicht ganz so vornehm gekleideter Junge blickt mit offener Neugier drein. Die vier Frauen hinter dem Tresen bedienen geschäftig. Eine hat sich umgedreht, war wohl kurz abgetaucht nach neuer Ware. Im Aufrichten sieht sie Struck. Sie muss gewusst haben, dass er da ist – und lächelt.

In der *ABZ*-Bildreportage „Vom Hering zum Bückling“, die mit Fide Strucks Fotos des Altonaer Fischmarkts und der Räucherei bestückt ist, haben solche Beobachtungen freilich keinen Platz. Zentrale Inhalte sind hier die „hohe volkswirtschaftliche Bedeutung der Fischerei“, die – zumal im Wettbewerb mit anderen Ländern – gestärkt werden müsse, und ihre Querverbindungen zu anderen Wirtschaftssektoren.[10] Ähnliche Gedanken liegen dem Beitrag im selben Heft zum Hamburger Gemüsemarkt zugrunde, vom dem „Ströme der Kraft in die großen Zentren des Eisens und der Kohle [ausgingen], aus denen Material und Brennstoff der Schiffe und Eisenbahnen stammen“.[11] Den Arbeiterinnen und Arbeitern sollte die Bedeutung ihres Schaffens im wirtschaftlichen Gesamtgefüge vorgeführt und darüber an ihre Einsatzbereitschaft appelliert werden.

Strucks Fotos, die hinsichtlich des Fehlens jeglicher politischer Symbole vor der NS-Machtübernahme entstanden sein dürften, bebildern diese Artikel. Eigentlich aber erzählen sie die Geschichte ihres Fotografen, der vor Ort seinem eigenen Blick gefolgt ist. Das meint nicht allein die Geschwindigkeit, mit der seine Kamera von einem Moment und einer Szene zu den nächsten Bildern schweift. Sichtlich sympathisiert er mit den Männern und Frauen auf der Werft, auf dem Markt oder hinter dem Tresen. Struck zeigt aber nicht nur, wer malochte, sondern auch wer anwies und wer kaufte. Er wechselt die Perspektiven und er polarisiert nicht – trotz aller wirtschaftlicher, gesellschaftlicher und ideologischer Extreme der Zeit um 1933, trotz des massiven Umbruchs, der die Gesellschaft umwälzte, Richtung Abgrund, wie wir heute wissen.

In einer derart instabilen Zeit, in der die Fotografie eine politische Waffe sein sollte und war, erscheint sein Blick überraschend unverstellt. Der „richtige Moment“ war für den Fotografen Fide Struck kein politisch definierter Fixpunkt. Seine Bilder sind weder einseitig noch heroisierend, sondern lebendig und offen. Gerade weil sie offen sind und ihrerseits Teile von Erzählungen – sei es zum Thema Werft, dem Fisch- oder Gemüsemarkt – ließen sie sich jedoch in andere Narrative einbinden und für die Sinnstiftungen der Nationalsozialisten instrumentalisieren. Spätere Forschungen könnten diese Zusammenhänge weiter ausleuchten.

1 Vgl. Heinz Willmann: *Geschichte der Arbeiter-Illustrierten-Zeitung 1921–1938*, Berlin 1975, S. 124. Der Autor ergänzt, dass jedes Exemplar im Durchschnitt von fünf bis sechs Menschen gelesen worden sei.
2 Auf der Website des Kurt Tucholsky Literaturmuseums sind sämtliche 27 Ausgaben des *AIZ*-Jahrgangs 1931 online einsehbar, URL: https://brandenburg.museum-digital.de/series/711 [18.6.2023].
3 Wolfgang Hesse: „Arbeiterfotografie als bildwissenschaftliches Ausstellungskonzept“, in: *Das Auge des Arbeiters. Arbeiterfotografie und Kunst um 1930*, hrsg. von dems., zugl. Ausst.-Kat. Kunstsammlungen Zwickau, Max-Pechstein-Museum u. a., Leipzig 2014, S. 19–32, hier S. 20.
4 „Der richtige Moment“, in: *Der Arbeiter-Fotograf*, Nr. 1, 1926, S. 2. Der Autor ist nicht genannt.
5 Walter Nettelbeck: „Reportagen“, in: *Der Arbeiter-Fotograf*, Nr. 1, 1929, S. 3 f.
6 Vgl. Hesse 2014 (wie Anm. 3), S. 22 f.
7 Hartwig Gebhardt: „Nationalsozialistische Werbung in der Arbeiterschaft“, in: *Vierteljahreshefte für Zeitgeschichte*, Heft 2, 1985, S. 310–338, hier S. 323/324.
8 Nachweisen lässt sich dies jedoch nur in Ausnahmefällen. Bilder und Texte wurden meist anonym publiziert und auch das Impressum enthielt nur äußerst knappe Angaben. Vgl. Gebhardt 1985 (wie Anm. 7), S. 317–319.
9 Hesse 2014 (wie Anm. 3), S. 29.
10 *ABZ – Arbeit in Bild und Zeit*, Jg. 1933, Nr. 15, 29.10.1933, S. 299 (Artikel „Vom Hering zum Bückling“).
11 *ABZ – Arbeit in Bild und Zeit*, Jg. 1933, Nr. 15, 29.10.1933, S. 293 (Artikel „Fruchtkammer Hamburg. Fünfzigtausend Quadratmeter Obst- und Gemüsemarkt“).

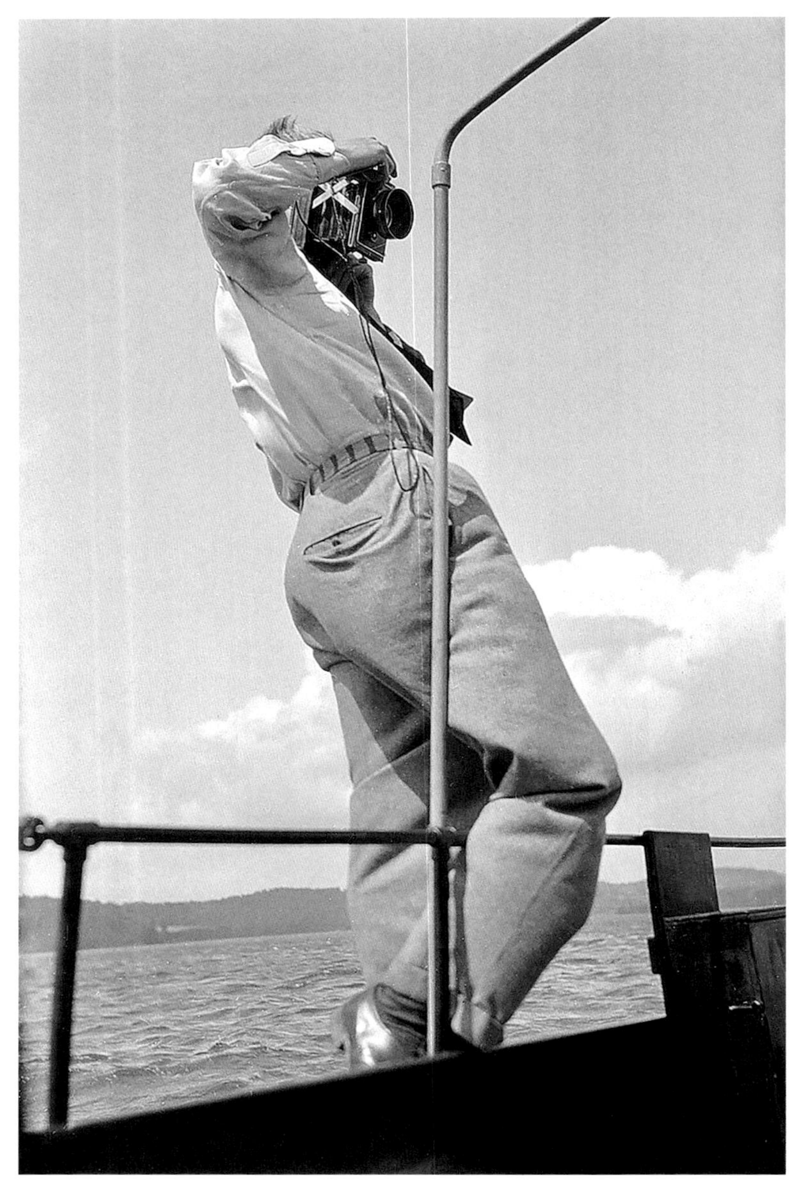

Fide Struck an Deck, 1935, Foto: Martel Struck

Biografie

17.3.1901
Hamburg: Friedrich Wilhelm Theodor alias „Fide“ Struck wird in der Rosenstraße (Gängeviertel) geboren. Er hat drei Geschwister, Vater Heinrich ist Kellner.

1912
Tod der Mutter Dorothea (48 Jahre alt)

1.4.1907–31.3.1915
Volksschule

1.4.1915–31.3.1918
Lehre zum Textilkaufmann

Ab April 1918
Rekrut, es kommt jedoch zu keinem Fronteinsatz mehr.

Nach Kriegsende ist Fide Struck als Handelsgehilfe tätig.

24.10.1919
Fide Struck verfasst eine Art Manifest für „die freie Liebe“; die Diskriminierung unehelich geborener Kinder lehnt er ab (unveröffentlicht).

Mai 1920 – Februar 1921
Fide Struck schließt sich der Jugendbewegung an, wird Mitglied der „Neuen Schar“, wandert und tanzt mit zeitweise Tausenden Jugendlichen durch Thüringen.

Struck gehört zeitlebens keiner Partei an, sympathisiert jedoch mit linken Ideen.
Ab Mitte 1920 führt er eine Beziehung mit Therese „Tisa“ Kallmeyer, einer ukrainischen Emigrantin. Aus der Beziehung gehen zwei Söhne hervor: Hartmut (* 21.4.1922) und Johannes (* 9.3.1924).

1922
Oberhof, Thüringen: Tisa Kallmeyer und Fide Struck heiraten.

1924
Das Paar trennt sich, das Sorgerecht für die Kinder behält Fide Struck.

1924
Neuruppin, Brandenburg: Fide Struck wird Buchhalter in der 1921 gegründeten Freiland-Siedlung „Handwerkschaft Gildenhall“, einem alternativen Kunst-, Wirtschafts- und Lebensprojekt; er lebt mit seinen Kindern in einer Wohngemeinschaft mit dem Ehepaar Großmann, der Weberin Else und dem Maler Harry, sowie deren Kind.

1925
Fide Struck erwirbt Kenntnisse der Fotografie in der Lichtbildnerei Curt Warnke, Neuruppin.

26.9.1926
Aus der Beziehung mit Else Großmann geht Fide Strucks dritter Sohn Peter hervor.

Ab 1927
Die Betriebe der „Handwerkschaft Gildenhall“ vermelden erste Pleiten (25.2.1933 Liquidation der Handwerkschaft). Auflösung der Wohn- und Lebensgemeinschaft mit Else und Harry Großmann; Fide Strucks Kinder kommen in ein Heim in Sonnefeld bei Coburg.

1.5.1928
Berlin: Anstellung als Buchhalter bei der Siedlungsgesellschaft „Brandenburgische Heimstätte“

1929
Potsdam: Neue Wohngemeinschaft mit Else Großmann; es entstehen Kinderfotos und fotografische Dokumentationen von Baustellen der Siedlungsgesellschaft.

Sommer 1932
Entlassung aus der „Brandenburgischen Heimstätte“; vermutlich intensivere Tätigkeit als freier Bildberichterstatter; Fotoreportagen über den Hamburger Hafen, Bauern in der Lüneburger Heide, das Berliner Straßenleben, Arbeitswelten

31.7.1932
Entlassung aus der „Brandenburgischen Heimstätte“

Berlin: Beziehung mit der Stenotypistin Martha „Martel“ Nürnberg, gemeinsame Wohnung am Tiergarten; Fide Strucks Söhne kehren aus dem Heim zurück zur Familie.

1933
Nach der Machtübernahme der Nationalsozialisten am 31.1.1933 Verbot der *Arbeiter-Illustrierten-Zeitung (AIZ)*; als Nachfolge erscheint ab Juli die in ihrer Aufmachung täuschend ähnliche, jedoch von den Nazis kontrollierte Zeitschrift *Arbeit in Bild und Zeit (ABZ)*.

29.8.1933
Fide Struck fotografiert die Hamburger Börse. Anschließend entstehen vermutlich Fotos der Krabbenfischer an der Nordseeküste.

29.10.1933
In der *ABZ* erscheinen doppelseitige Reportagen mit Strucks Fotos von Heidebauern, Gemüsemarkt, Fischmarkt, Werft und Krabbenfischern.

November 1933
Die *ABZ* wird eingestellt.

Fide Struck fokussiert sich fortan stärker auf unpolitische Themen wie Familie, Zoo und Landschaft.

1934
Unterstützung verhafteter Freundinnen und Freunde, u. a. der KPD-Mitglieder Else und Harry Großmann

2.1.1935
Erneute Anstellung bei der „Brandenburgischen Heimstätte“

18.4.1935
Heirat mit Martel Nürnberg, Hochzeitsreise zum Bodensee; es entstehen Reisereportagen.

1936–1939
Berlin: Porträts von Anglern, alten und armen Menschen

1936–1939
Fotoserien an Nord- und Ostsee

1.4.1939
Hamburg: Fide Struck wird Angestellter bei der Siedlungsbaugesellschaft Hermann und Paul Frank.
Die Familie wohnt weiterhin in Berlin.

Sommer 1941
Fide Struck packt rund 3 000 Negative in einen Holzkoffer; Umzug nach Hamburg.

1941
Fide Strucks ältester Sohn Hartmut wird zur Marine eingezogen; Fide Struck selbst ist vom Wehrdienst freigestellt, da er in der kriegswichtigen Bauwirtschaft arbeitet.

1942
Fide Strucks zweiter Sohn Johannes wird zur Infanterie eingezogen.

18.1.1943
Geburt des jüngsten Sohnes Thomas

Sommer 1943
Umzug von Martel und Thomas nach Blankenburg, Harz

April 1945
Hartmut stirbt bei U-Boot-Versenkung.

1945
Umzug nach Bad Münder am Deister, Niedersachsen; Fide Struck verkauft seine Fotoausrüstung, bewahrt aber den Koffer mit den Negativen.

1950–1970
Umzüge mit Fotokoffer nach Hamburg, 1956 nach Stuttgart und 1970 zurück nach Hamburg-Neugraben; Fide und Martel Struck ziehen in ein Seniorenheim.

1971
Fide Strucks Enkel Hartmut erhält den Fotokoffer.

15.10.1985
Fide Struck stirbt.

2004
Martel Struck stirbt.

2005
Fide Strucks Enkel Hartmut übergibt den Fotokoffer seinem Onkel Thomas Struck.

24.5.2015
12:08 Uhr Öffnung des Fotokoffers

2019
Fide Strucks fotografisches Werk wird in die bpk Bildagentur der Stiftung Preußischer Kulturbesitz übernommen.

Dank

Thomas Struck dankt

Hartmut Struck für den Erhalt des Koffers von 1972–2005

Christoph Köster für die Initiative, den Koffer zu öffnen und die Negative ans Licht zu bringen

Karen Tieth, bpk-Bildagentur, für die großzügige Unterstützung in allen Fragen des Erhalts des Werks von Fide Struck

Karin Laudenbach für die tatkräftige Unterstützung in allen Fragen des Projekts

Ulrike Wolff-Thomsen, Direktorin Museum Kunst der Westküste, dankt

Thomas Struck für die freundschaftliche Zusammenarbeit, die konstruktiven Gespräche und seine große Unterstützung in allen Belangen

Dr. Pia Littmann für die engagierte Kuratierung der Ausstellung und ihre umfängliche Arbeit am Katalog

Karen Tieth, Christina Stehr sowie Antonia Teweleit, bpk-Bildagentur, für die großzügige Bereitstellung der Bilddateien und die Ausleihe des Fotokoffers

Sebastian Lux, Stiftung F. C. Gundlach, und Simon Wyrwol, ehemals Stiftung Historische Museen Hamburg, Altonaer Museum, für wichtige Hinweise

Anja Schneidenbach, Dorothée Baganz und Michael Imhof, Michael Imhof Verlag, für die erneut sehr gute Zusammenarbeit

sowie nicht zuletzt

unserem FFM Volker Koch

und

Thomas Müller, Engel & Völkers, Wyk/Föhr für die finanzielle Katalogförderung

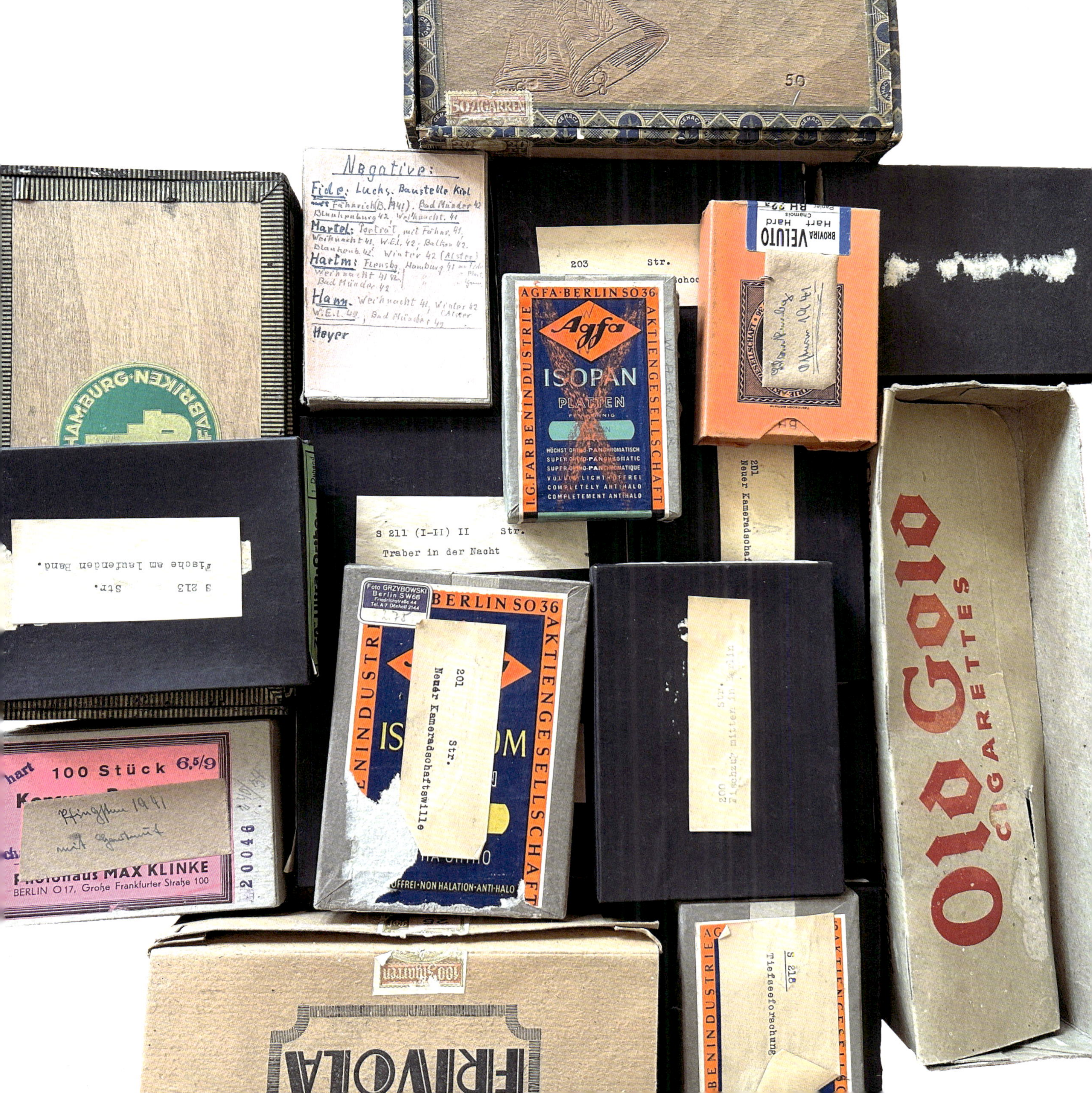
50 ZIGARREN
Negative:
AGFA·BERLIN SO 36
Agfa
ISOPAN
PLATTEN
I.G. FARBENINDUSTRIE
AKTIENGESELLSCHAFT
HÖCHST ORTHO-PANCHROMATISCH
SUPER ORTHO-PANCHROMATIC
SUPER ORTHO-PANCHROMATIQUE
COMPLETELY ANTIHALO
COMPLETEMENT ANTIHALO
203 Str.
S 211 (I-II) II Str.
Traber in der Nacht
S 213 Str.
Fische am laufenden Band.
BROVIRA VELUTO
Hart Hard
Chamois
201
Neuer Kameradschaftswille
Str.
Foto GRZYBOWSKI Berlin SW 68
BERLIN SO 36
AKTIENGESELLSCHAFT
NON HALATION·ANTI-HALO
100 Stück 6,5/9
Photohaus MAX KLINKE
BERLIN O 17, Große Frankfurter Straße 100
Old Gold
CIGARETTES
S 218
Tiefseeforschung
FRIVOLA

Impressum

Diese Publikation erscheint begleitend zur Ausstellung

Schippermütz und feiner Zwirn
Fide Struck fotografiert Arbeitswelten an der Waterkant 1930–1933

24.09.2023–08.09.2024

museum
kunst der westküste

Museum Kunst der Westküste
Hauptstraße 1
25938 Alkersum/Föhr
+49 4681 747400
info@mkdw.de
mkdw.de

Herausgeber: Thomas Struck, Ulrike Wolff-Thomsen für das Museum Kunst der Westküste
Redaktion: Pia Littmann
Autor*innen: Pia Littmann, Thomas Struck, Ulrike Wolff-Thomsen
Lektorat: Katrin Günther, Berlin, Dorothée Baganz, Michael Imhof Verlag
Grafische Gestaltung: Anja Schneidenbach, Michael Imhof Verlag

Verlag:
Michael Imhof Verlag GmbH & Co. KG
Stettiner Straße 25
36100 Petersberg
+49 661 29191660
info@imhof-verlag.de
imhof-verlag.de

Druck und Bindung:
Druckerei Rindt GmbH & Co. KG, Fulda

ISBN: 978-3-7319-1374-0
Printed in EU

Die Deutsche Nationalbibliothek verzeichnet diese Publikation in der Deutschen Nationalbibliografie: dnb.de.

Fide Strucks Fotografien werden im Originalformat gezeigt (ausgenommen davon sind die Detailabbildungen im Beitrag von Pia Littmann). Um die Glasplattenränder sichtbar zu machen, werden die Aufnahmen einschließlich eines schwarzen Randes abgebildet. Aus Gründen der optischen Geschlossenheit haben auch solche Fotografien, die von Filmnegativen gedruckt wurden, einen Rand erhalten.

Fide Strucks Negative wurden eingescannt von Elke Schneider, Stiftung Historische Museen Hamburg, sowie von Dietmar Katz, Fotografie & Digitalisierung, Berlin. In manchen Fällen wurden leichte Retuschen vorgenommen.

Fotonachweis:
Für die abgebildeten Fotografien von Fide Struck: mit freundlicher Genehmigung der bpk-Bildagentur, © bpk-Bildagentur – Fide Struck (Slg. Thomas Struck)
S. 9: Archiv Lisa Riedel/Museum Neuruppin
Alle anderen Fotografien befinden sich im Privatbesitz von Thomas Struck. Angaben zu den Fotograf*innen erfolgen, sofern bekannt, direkt bei den Bildern.

Umschlag vorn und S. 2: Fide Struck, Deichtormarkt, Transportarbeiter mit Karre, beladen mit Körben und Fässern, um 1932
Umschlag hinten: Fide Struck, um 1935, Foto: Martel Struck
S. 5: Fide Struck an der Nordseeküste, um 1932, Foto: Martel Struck
S. 111: Kartons, in denen Fide Struck seine Glasnegative aufbewahrt hat, Foto: Thomas Struck

Der Katalog wurde gefördert von

Volker Koch, Hamburg

ENGEL&VÖLKERS